Otto Kern

Orpheus

Eine religionsgeschichtliche Untersuchung

Otto Kern

Orpheus

Eine religionsgeschichtliche Untersuchung

ISBN/EAN: 9783845742199

Erscheinungsjahr: 2012

Erscheinungsort: Bremen, Deutschland

www.unikum-verlag.de | office@unikum-verlag.de

Bei diesem Titel handelt es sich um den Nachdruck eines historischen, lange vergriffenen Buches. Da elektronische Druckvorlagen für diese Titel nicht existieren, musste auf alte Vorlagen zurückgegriffen werden. Hieraus zwangsläufig resultierende Qualitätsverluste bitten wir zu entschuldigen.

Otto Kern

Orpheus

Eine religionsgeschichtliche Untersuchung

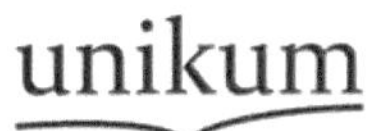

ORPHEUS

EINE
RELIGIONSGESCHICHTLICHE UNTERSUCHUNG

VON

OTTO KERN

MIT EINEM BEITRAG VON JOSEF STRZYGOWSKI
EINEM BILDNIS UND ZWEI TAFELN

BERLIN
WEIDMANNSCHE BUCHHANDLUNG
1920

Weidmannsche Buchhandlung, Berlin. Dr. W. Lobach, Phot.

C. Robert

οἱ Ἄνομοι
τῶι Ἀρχηγέτηι
χαριστήριον.

Ὀρφέα· δέξο᾽ ἄναξ ἀνόμων ἄνομον τόδε δῶρον
ἑπτάκις εὖ κύκλον τὸν δεκέτη τελέσας·
ὡς Ὀρφεὺς γὰρ ἔθελξε τὰ θηρῶν ἄγρια φῦλα
μολπῆι καὶ κιθάρει Θρηϊκίης ἀν᾽ ὄρη,
οὕτως φῦλ᾽ ἀνόμων σύ γ᾽ ἐκήλησας Βερολινοῖ,
δεινότατός τε λόγοις νῦν ἔθ᾽ Ἁλὰς κατέχεις.

CARL ROBERT ZUM 8. MÄRZ 1920

IM NAMEN DER ANOMIA DARGEBRACHT

Inhaltsübersicht.

Über Orpheus und die Orpheussage ist in alter[1]) und neuer[2]) Zeit des Schreibens kein Ende gewesen; noch ist keine Einigkeit erzielt. Sein Ursprung wird bald in Thrakien, bald in Attika, bald in Arkadien, bald in Ostboiotien gesucht. Aber

[1]) Wenn wir von gelegentlichen Äußerungen über Orpheus absehen, kommen folgende alte Autoren in Betracht: Suidas s. *Φερεκύδης Ἀθηναῖος, πρεσβύτερος τοῦ Συρίου, ὃν λόγος τὰ Ὀρφέως συναγαγεῖν* vgl. Lobeck Aglaophamus I p. 330; P. R. Schuster De veteris Orphicae theogon. ind. atque origine p. 80. Wichtig vor allem scheint Epigenes gewesen zu sein, dessen *Περὶ τῆς εἰς Ὀρφέα ποιήσεως* Clemens Alexandrinus Strom. I 21 (II S. 81, 11 ff. Staeh.) und V 8 (II S. 360, 10 ff. Staeh.) zitiert. Er ist vielleicht älter als Kallimachos: L. Cohn bei Pauly-Wissowa R. E. VI S. 65, vgl. aber P. Tannery Revue de philologie XXI 1896 p. 191 ff. In die hellenistische Zeit gehört auch Nikomedes *Περὶ Ὀρφέως* Athen. XIV p. 637 a, nach Lobeck I p. 342 vielleicht identisch mit Nikomedes von Akanthos (C. Müller F. H. G. IV p. 465): *οἶδα δὲ καὶ ἄλλο ὄργανον ὧι Θραικῶν οἱ βασιλεῖς ἐν τοῖς δείπνοις χρῶνται, ὥς φησιν N. ἐν τῶι Περὶ Ὀρφέως*. Der Name des von N. erwähnten thrakischen Saiteninstruments ist verloren. Wahrscheinlich handelt es sich um ein von Orpheus erfundenes. Im III. vorchristl. Jahrhundert lebte vermutlich Apollonios aus Aphrodisias, von dem Suidas s. v. berichtet *Ἀ. Ἀ. ἀρχιερεὺς καὶ ἱστορικὸς γέγραφε Καρικά, Περὶ Τράλλεων, Περὶ Ὀρφέως καὶ τῶν τελετῶν αὐτοῦ.* Vgl. Ed. Schwartz bei Pauly-Wissowa R. E. II S. 135. Nach dem Schwindelbuche der Eudokia verfaßte Charax von Pergamon eine *Συμφωνία Ὀρφέως Πυθαγόρου καὶ Πλάτωνος περὶ τὰ λόγια.* Es ist sicher, daß es sich hier um eine Fälschung auf den Namen des Charax handelt, der zur Pseudoepigraphie auch sonst mißbraucht wurde; s. Ed. Schwartz Pauly-Wissowa R. E. III S. 2123. Unbestimmbar ist die Zeit der *Ὀρφικά* des Erotylos (fehlt bei Pauly-Wissowa R. E.), die in dem wahrscheinlich um 200 n. Chr. verfaßten Leidener Papyrus *W* (Leemans Pap. graec. II 1885) 21 a. 34. 35 p. 155 = Dieterich Abraxas S. 202, 16 zitiert werden. Zu Erotylos vgl. auch Zosimos *Περὶ τοῦ θείου ὕδατος* Berthelot Coll. des anciens alchimist. Grecqu. II 1888 p. 144, 7 und I (Introduction) p. 17. Stark setzt die Beschäftigung mit Orpheus und den Orphikern in den Kreisen der Neuplatoniker ein. Von Titeln kennen wir da aus Suidas Syrians *Εἰς τὴν Ὀρφέως θεολογίαν βιβλία β´* und *Συμφωνίαν Ὀρφέως Πυθαγόρου καὶ Πλάτωνος* (Lobeck I p. 344; Rohde Psyche I[6] S. 414 ff.; vgl. W. Kroll De oraculis Chaldaicis p. 7, der mit Recht hierher Proklos Theolog.

alle diese Hypothesen haben Widerspruch erfahren, der uns rät nach neuen Wegen zu suchen, die aus dem Dunkel, das die Gestalt des alten Sängers der Heldenzeit noch umgibt, hinausführen. Nichts darf da unversucht bleiben, und sollte sich auch der neue Pfad als Irrweg erweisen, so werden auf ihm doch vielleicht Gesichtspunkte aufgefunden, die sich einem Anderen später als fruchtbar erweisen mögen. Die Figur des Orpheus ist noch nie im Zusammenhang mit der nach ihm benannten, vielverzweigten Literatur untersucht worden. Man ist immer von dem hohen Alter der Orpheussage als dem Gegebenen ausgegangen. Daran zu zweifeln sei erlaubt und damit werde der neue Weg beschritten. Der Meister mythologischer Forschung, dem wir diese kleine Schrift darbringen, sei der erste, der diesen Versuch wohlwollend prüfe, wie er es vor dreißig und mehr Jahren mit unseren jugendlichen aus der Anomia hervorgegangenen Erstlingsarbeiten getan hat.

Die ältesten literarischen Zeugen für Orpheus sind Ibykos und Aischylos. Schon der *ὀνομακλυτὸς Ὀρφήν* des unteritalischen Lyrikers (fr. 10 A Bergk[4]), bei dem zuerst der Name Orpheus erscheint, verleugnet schwerlich seine Beziehung zur orphischen Literatur.[1]) Denn es ist nicht zweifelhaft, daß die Orphik in

Platon. p. 215, 41 *καὶ οὗτος τοίνυν ἐν τοῖς τῆς Συμφωνίας* (*συγ-*?) *γράμμασι* gezogen hat) und seines Schülers Proklos gleichlautende Schriften, die ihm aber bei Suidas sicher irrig zugeschrieben werden. *Ὀρφικαὶ συνουσίαι* des Syrian Proklos in Timaeum I p. 315, 2 Diehl. Über den Philosophen Sandon, den S. des Hellanikos, der nach Suidas *Ὑποθέσεις εἰς Ὀρφέα βιβλίον α'* schrieb, vgl. Lobeck I p. 337. 340; Schuster a. a. O. p. 86 f., Zeller Philos. der Griech. I[6] S. 128 A. 6. Sehr umstritten sind auch noch die Persönlichkeiten von Hieronymos und Hellanikos, deren Bericht über den Anfang einer orphischen Theogonie (*ἡ δὲ κατὰ τὸν Ἱερώνυμον φερομένη καὶ Ἑλλάνικον* vgl. Schuster a. a. O. p. 81) Damaskios *Dubitat. et solution. de primis principiis* ed. Ruelle I p. 317, 15 ss. anführt, während die *Ὀρφικά* des Pamphilos von Alexandreia auf moderner falscher Konjektur beruhen (Lobeck I p. 342). Wie weit sich diese Schriftsteller auch mit dem Mythos des Orpheus beschäftigt haben, ist schwer zu sagen. Ihr Hauptinteresse lag natürlich an der unter dem Namen des Orpheus gehenden weitschichtigen Literatur.

[2]) Die letzte sehr reichhaltige Zusammenfassung rührt von Otto Gruppe in Roschers Mythol. Lexikon III 1 S. 1058—1207 her.

[1]) Im Zusammenhang mit der Darstellung der Weltschöpfung bei Hesiod und Orpheus erscheint der Name des Ibykos Schol. Apollon. Rhod. III 26 p. 451, 3 K. (fr. 31 Bergk[4]).

Westgriechenland früh verbreitet war und die pythagoreischen Kreise stark beeinflußt hat. Eine Generation älter als Ibykos von Rhegion ist wahrscheinlich Orpheus von Kroton gewesen, dessen Persönlichkeit nicht verflüchtigt werden darf. Asklepiades von Myrlea[1]) hat diesen *ἐποποιός* für einen Freund des Peisistratos gehalten. Er soll *Δωδεκαετηρίδας, Ἀργοναυτικὰ καὶ ἄλλα τινά* verfaßt haben. Zeitlos, aber auch aus Westgriechenland stammend ist uns bei Suidas ein *ἐποποιὸς Ὀρφεὺς Καμαριναῖος* überliefert, dem eine *Εἰς Ἅιδου κατάβασις* zugeschrieben wurde. Andere Westgriechen sollen unter dem Namen des Orpheus gedichtet haben, so Timokles von Syrakus die *Σωτήρια*,[2]) Zopyros von Herakleia die *Κρατῆρας*[3]) *Πέπλον καὶ Δίκτυον* und Nikias von Elea die *Θρονισμοὶ μητρῷοι καὶ Βακχικά*.[4]) Es fällt auf, daß unter den von Suidas überlieferten Verfassern orphischer Schriften soviel Westgriechen genannt sind, zu denen auch ein Pythagoreer wie *Κέρκωψ* gerechnet werden muß, von dem auch eine orphische *Εἰς Ἅιδου κατάβασις* und ein *Ἱερὸς λόγος* erwähnt werden.[5])

[1]) Suidas: *Ὀρφεὺς Κροτωνιάτης ἐποποιός, ὃν Πεισιστράτωι συνεῖναι τῶι τυράννωι Ἀσκληπιάδης φησὶν ἐν τῶι ἕκτωι βιβλίωι τῶν Γραμματικῶν.* Daß hier Asklepiades von Myrlea gemeint ist, wird mit Recht allgemein angenommen; s. Kaibel Abh. Gesellsch. d. Wissensch. zu Göttingen N. F. II 1898 Nr. 4 S. 25 A. 2. Kaibel hat a. a. O. S. 27 sehr wahrscheinlich gemacht, daß Proklos' *Χρηστομάθεια γραμματική* dem Tzetzes die Kenntnis der Nachricht über die Herstellung des Homer durch Orpheus von Kroton, Zopyros von Herakleia und Onomakritos von Athen vermittelt habe. Der Text des Tzetzes ist am besten abgedruckt bei Kaibel Comicor. graecor. fragm. I 1 p. 20, 27 ff.

[2]) Suidas: *Σωτήρια· ταῦτα Τιμοκλέους τοῦ Συρακουσίου λέγεται ἢ Περσίνου τοῦ Μιλησίου.* Über letzteren, der vielleicht mit dem Hofpoeten des Eubulos von Atarneus identisch ist, vgl. Rohde Psyche I[6] S. 107 A. Das von Abel den *Σωτήρια* zugeschriebene fr. 183 gehört nicht hierher: Hermes LI 1916 S. 564 A. 1.

[3]) Erwähnt bei Suidas und als *Κρατήρ* bei Clemens Alexandrin. I 21 (II p. 81, 8 Staeh.). Über die *Κρατῆρες* vgl. Archiv für die Geschichte der Philos. II 1889 S. 387 ff. Auch unter dem Namen des Musaios gab es ein *Crater* genanntes Gedicht; s. Archiv a. a. O. S. 388.

[4]) Vgl. Hermes a. a. O. S. 562.

[5]) Clemens Alexandrin. I 21 (II S. 81, 11 ff. Staeh.) aus Epigenes *Περὶ τῆς εἰς Ὀρφέα ποιήσεως.* Suidas erwähnt von ihm *Ἱεροὶ λόγοι ἐν ῥαψωιδίαις κδ'*, die nach ihm aber auch dem Thessaler Theognetos zugeschrieben wurden. Es ist wohl bisher kaum beachtet worden, daß Herodot II 81 auch von einem orphisch-pythagoreischen *ἱρὸς λόγος* spricht.

Auch Brontinos reiht sich hier an, von dem es orphische Schriften unter dem Titel Πέπλος und Φυσικά gab.[1])

Nur eine Generation später als Ibykos hat Mikythos von Rhegion gelebt, der in mehr als einer Hinsicht das Interesse des Religionshistorikers verdient. Er hat die vormundschaftliche Regierung für die unmündigen Söhne des 476 v. Chr. verstorbenen Tyrannen Anaxilas von Rhegion geführt, wurde dann aus Rhegion vertrieben, wanderte nach Tegea in Arkadien aus und hat einige Jahre später die von Herodot VII 170 und Pausanias V 26, 3 erwähnten Weihgeschenke in Olympia gestiftet, deren Baseninschriften die Ausgrabungen wieder an das Tageslicht gebracht haben.[2]) Unter den vielen von ihm geweihten ἀνδριάντες standen neben dem Bilde des Ἀγών Dionysos καὶ ὁ Θρᾷξ Ὀρφεὺς καὶ ἄγαλμα Διός. Wenn das Ethnikon des Orpheus unter der Bildsäule gestanden hat, ist dies eins der ältesten Zeugnisse für den Thraker Orpheus. Das Interesse für Orpheus aber hat Mikythos aus seiner unteritalischen Heimat mitgebracht, in der die Orpheus genannten oder unter seinem Namen dichtenden Männer lebten. Jedenfalls stimmt dazu die πάνθειος τελετή, wenn ich mich orphisch ausdrücken darf,[3]) die in seinen Anathemen ausgesprochen ist, die er θεοῖς πᾶσιν καὶ θεαῖς πάσαις geweiht hat. Die Personifikationen[4]) Agon und Ekecheiria finden gerade in der orphischen Poesie, die hier in den Spuren des Hesiodos wandelt, manche Parallele, und Homer und Hesiod sind durch Orpheus, den mythischen Vater aller Dichtung, erklärt. Dionysos aber, der in unmittelbarer Nähe des Orpheus gestanden hat, war sicher schon zur Zeit des Onomakritos der Mittelpunkt der orphischen Theogonie, wie denn auch das ἄγαλμα τοῦ Διός

[1]) Auch aus Epigenes bei Clemens Alexandrin. a. a. O., während Suidas die Tradition kennt, daß die dem Zopyros von Herakleia zugeschriebenen Werke Πέπλος καὶ Δίκτυον von anderen dem Brontinos zugeteilt werden. Vielleicht ist das Δίκτυον mit den Φυσικά identisch. Brontinos stammte aus Metapont: s. E. Wellmann bei Pauly-Wissowa R. E. III 1 S. 890.

[2]) Dittenberger-Purgold Inschriften von Olympia Nr. 267—269.

[3]) Vgl. z. B. Orph. Hymn. XXXV 6 f. an Leto: κλῦθι, θεὰ δέσποινα, καὶ ἵλαον ἦτορ ἔχουσα βαῖν' ἐπὶ πάνθειον τελετὴν τέλος ἡδὺ φέρουσα. E. Maaß Tagesgötter S. 293 f.

[4]) Vgl. unten S. 32 u. S. 49 f.

auf der anderen Seite des Orpheus, wenn Pausanias genau beschreibt, nicht überrascht. Denn dem Zeus galt ein später vielfach erweiterter, berühmter Hymnos in der Theogonie des Orpheus. Es ist nicht unwahrscheinlich, daß sich Mikythos der Sekte der Orphiker in Unteritalien angeschlossen hat. Daß er in seinem Pantheon die Götter besonders berücksichtigt hat, denen er sich vor Allem zu Dank verpflichtet fühlte, ist nur natürlich. Poseidon hat ihn von Rhegion nach der Peloponnes geleitet, und dem Heilgötterpaar Asklepios und Hygieia (übrigens wohl eine der ältesten Weihungen an dies Paar) dankt er *ἐπὶ σωτηρίαι παιδὸς νοσήσαντος νόσον φθινάδα.* Wir werden ja doch wohl die Anhänger dieser Religion wie in dem werdenden Christentum namentlich in den niederen Kreisen des Volkes zu suchen haben, aus denen Mikythos hervorgegangen ist. Aber auch Theron von Akragas stand ihr nicht fern.[1]) Auf die orphischen Mysterien bezieht sich doch wohl auch die 1903 bei Cumae (Pozzuoli) gefundene archaische Inschrift *Οὐ θέμις ἐν|τοῦθα κεῖσθ|αι με̄ τὸν βε|βαχχευμέ|νον.*[2]) Wie lange die Orphik in Unteritalien in Verbindung mit dem gewaltigen Einflusse der Pythagoreer lebendig geblieben ist, lehren die in neuester Zeit so viel behandelten Goldplättchen von Petelia und Thurioi aus dem 4.—3. Jahrhundert v. Chr.,[3]) die aus den Gräbern frommer Orpheotelesten oder orphischer Pythagoreer stammen und von

---

[1]) Pindar Olymp. II; vgl. E. Maaß Orpheus S. 271; K. Kunst Berlin. philolog. Wochenschr. 1920 S. 64 f.

[2]) A. Sogliano Notizie degli scavi di antichità II 1905 S. 377 ff. (O. Hoffmann S. G. D. I. IV S. 851 Nr. 2); C. O. Thulin Die etruskische Disciplin III 1909 S. 58 A. 3. Soglianos Umschrift und Deutung '*nefas* (*est*) *hic iacere me initiatum*' ist unmöglich. O. Hoffmann deutet '*κεῖσθαι μὲ* mit Krasis für *κεῖσθαι εἰ μὴ* | *βακχεύειν* in die Bakchos-Mysterien einweihen'. Ich würde *τὸν μὲ βεβαχχευμένον* erwarten. Die senkrechte Hasta hinter *κεῖσθαι* wäre dann als Distinktion aufzufassen. Sehr merkwürdig ist auch die Beschränkung wenigstens eines Teils des Friedhofs auf die orphische Sekte.

[3]) Jetzt gesammelt von Alexander Olivieri Lamellae aureae Orphicae 1915 in Hans Lietzmanns kleinen Texten Nr. 133. Dazu Jan Herm. Wieten De tribus laminis aureis quae in sepulcris Thurinis sunt inventae Diss. Lugduno-Batava 1915; O. Kern Herm. LI 1916 S. 554 ff.; E. Pfeiffer Studien zum antiken Sternglauben *Στοιχεῖα* II S. 129 f. Die Goldplättchen lassen auf reiche Orpheotelesten schließen. Vgl. auch Wilamowitz Platon I S. 247.

Herm. Diels außerordentlich treffend orphische Reisepässe genannt worden sind.[1])

Führt uns der ὀνομακλυτὸς Ὀρφήν des Ibykos in das westgriechische Getriebe der orphischen Sekte hinein, ohne uns zunächst irgendeine Aufklärung über den Mythos des alten Sängers der Sage zu geben und ohne uns zu verraten, welcher Gott im Mittelpunkt ihres Kults gestanden hat, so stellt ihn der Eleusinier Aischylos[2]) mitten in eine Tetralogie hinein, die ein ihn packendes religionsgeschichtliches Problem behandelt hat. Es ist nicht ohne Bedeutung, daß Orpheus bei Aischylos als Verehrer des Apollon erscheint, eine Tatsache, die bei der Frage nach dem Ursprung seiner Sage bisher viel zu wenig beachtet worden ist. Aischylos ist der erste, der den apollinischen Charakter des Orpheus betont. Denn mit alten und neuen Erklärern darf man dafür nicht als Zeugnis Pindars Worte im vierten pythischen Gedicht V. 176 f. Schroed. ἐξ Ἀπόλλωνος δὲ φορμιγκτὰς ἀοιδᾶν πατὴρ ἔμολεν εὐαίνητος Ὀρφεύς anführen, aus denen man auf eine Vaterschaft des Apollon geschlossen hat; sie stehen im Widerspruch zu einem anderen Gedicht des Pindar, das Orpheus als Sohn des Oiagros kannte,[3]) und bedeuten nur, wie schon Ammonios[4]) richtig erklärt hat, daß der ἀοιδᾶν πατὴρ seine Kunst von Apollon hat wie die Könige ihre Macht von Zeus.[5]) Aischylos, der im Agamemnon später dem Aigisthos die an den Chor gerichteten Verse (1629 f.) in den Mund legt:

> Ὀρφεῖ δὲ γλῶσσαν τὴν ἐναντίαν ἔχεις·
> ὁ μὲν γὰρ ἦγε πάντ' ἀπὸ φθογγῆς χαρᾷ,

hat in der Lykurgie Orpheus als Diener des Apollon auf die Bühne gebracht. Der Konflikt in den Bassariden, dem zweiten Stücke dieser Tetralogie, liegt in dem Zusammenstoß zweier großer

---

[1]) Philotesia für Paul Kleinert Berlin 1907 S. 3 ff. des Separatabdrucks.

[2]) Im allgemeinen vgl. über Aischylos und die Orphiker Martin Bock De Aeschylo poeta Orphico et Orpheopythagoreo Diss. Jenens. 1914; es ist aber vieles mit Vorsicht aufzunehmen.

[3]) υἱὸν Οἰάγρου fr. 139 A Schr.

[4]) Schol. Pind. Pyth. IV 313 a p. 139, 17 ss. Drachmann.

[5]) G. Haupt Commentationes archaeologicae in Aeschylum, Dissert. Halens. XIII 1906 p. 143 ss.

Religionen, der mittelhellenischen Apollonreligion und der neuen dionysischen. Es ist ein wichtiges Kapitel griechischer Religionsgeschichte, das Ringen dieser beiden Mächte um die Herrschaft in den Herzen der Hellenen zu schildern. Erst die delphischen Priester scheinen mit großer Klugheit die beiden zunächst einander feindlichen Religionen vereinigt zu haben. Aischylos hat einen Teil dieses gewaltigen Glaubenskampfes behandelt. Schon in dem ersten Stück der Lykurgie, in den *Ἠδωνοί*, waren Apollon und Dionysos einander gegenübergestellt als Vertreter von zwei sehr verschieden gearteten Religionen.[1]) In den *Βασσαρίδες* kommt dieser Konflikt zur Entscheidung. Schwerlich beruht es auf der Erfindung des Aischylos, daß Orpheus in der Ausübung seiner dem Apollon geweihten Frömmigkeit das Opfer wilder thrakischer, von Dionysos begeisterter Weiber geworden ist. Der Zusammenhang des Orpheus mit Apollon wird keine Schöpfung des aischyleischen Genius sein. Aischylos hat zweifelsohne an religiöse Überlieferung angeknüpft, und wenn wir aus den *Βασσαρίδες* hören, daß Orpheus in der Morgenfrühe auf das Pangaion gestiegen ist, um den Helios als *μέγιστον τῶν θεῶν* anzubeten *ὃν καὶ Ἀπόλλωνα προςηγόρευσεν*, so unterliegt es keinem Zweifel, daß der eleusinische Dichter hier eine Lehre vorträgt, die in der späteren orphischen Dichtung vorkam und die dann auf lange Jahrhunderte hinaus bis in unsere Zeit der richtigen Erkenntnis der Apollonreligion verhängnisvoll und hinderlich gewesen ist.[2]) Denn Apollon ist niemals in der Religion, sondern nur in religiöser und philosophischer Spekulation der Sonnengott gewesen, wie heute wohl auch von fast allen einsichtigen Forschern angenommen wird. Joh. Toepffer (Attische

[1]) O. Gruppe faßt a. a. O. S. 1110 auch so den vates Apollineus bei Ovid Metamorph. XI 7 auf. Dagegen spricht aber X 167 Orpheus selber in seiner Rede an Hyakinthos *te meus ante omnes genitor dilexit.*

[2]) Proklos Theolog. Platon. VI 12 p. 376 (Abel fr. 273) *πρῶτον δὴ τοῦτο κατανοήσωμεν, ὅπως καὶ αὐτὸς* (d. i. Platon), *ὥσπερ Ὀρφεὺς τὸν ἥλιον εἰς ταὐτόν πως ἄγει τῶι Ἀπόλλωνι καὶ ὡς τὴν κοινωνίαν πρεσβεύει τούτων τῶν θεῶν. ἐκεῖνος μὲν γὰρ διαρρήδην λέγει καὶ διὰ πάσης* (*ὡς εἰπεῖν*) *τῆς ποιήσεως.* Vgl. auch die orphischen Hymnen VIII und XXXIV. Lobeck Aglaopham. I p. 614; Preller-Robert Griech. Mythol. I⁴ S. 231 A. 3; O. Kern Hermes XXIV 1889 S. 501; C. Wernicke Pauly-Wissowa R. E. II S. 20.

Genealog. S. 34 A. 1) hat schon darauf hingewiesen, daß Aischylos die über Orpheus am Pangaion erzählten Sagen sehr wohl bei seinem Aufenthalt in Thrakien kennen lernen konnte.

In der späteren Orphik tritt Apollon nirgends mehr als Feind des Dionysos auf. Als die Titanen den jungen Dionysos-Zagreus zerrissen haben und zur Strafe vom Blitz des Zeus vernichtet sind, befiehlt dieser dem Apollon die Gliedmaßen des Dionysos zu begraben, wie es dann auch am Parnassos geschieht.[1]) Man erkennt hier unschwer den delphischen Einfluß, der die Verbindung von Apoll und Dionysos auf mannigfache Art herzustellen versucht hat. Die Rolle, die Apoll dem toten Dionysos gegenüber spielt, läßt jede Feindschaft der beiden Gottesdienste vergessen. Ähnlich zu beurteilen ist die Geschichte von der apollinischen Weissagerin Orphe, die zusammen mit ihrer Schwester Lyko von Dionysos zur Mainade auf dem Taygetos gemacht wird.[2]) Hierher gehört auch die Legende von den weissagenden Fischen eines lykischen Apollonheiligtums, die *ὀρφοί* genannt wurden.[3]) Aber wichtiger als alle diese Einzelheiten ist die Tatsache, daß Orpheus mit keinen anderen Gottheiten so häufig verbunden wird wie mit den Musen, zu denen Apollon viel früher gehört als Dionysos, der wohl erst am Parnass in ihre Kreise trat. Freilich gibt es keine über das 4. Jahrhundert hinaufgehende Zeugnisse, die Kalliope zur Mutter des Orpheus machen. Orpheus wird als Musensohn zuerst in jenen orphischen Schriften erwähnt, von deren Propaganda in

---

[1]) Clemens Alexandrin. Protr. II 18, 1. 2 (I S. 14 Staeh.) *Ζεὺς δὲ ὕστερον ἐπιφανεὶς — κεραυνῶι τοὺς Τιτᾶνας αἰκίζεται καὶ τὰ μέλη τοῦ Διονύσου Ἀπόλλωνι τῶι παιδὶ παρακατατίθεται καταθάψαι. ὃ δέ, οὐ γὰρ ἠπείθησε Διί, εἰς τὸν Παρνασσὸν φέρων κατατίθεται διεσπασμένον τὸν νεκρόν* (Abel fr. 200; Ed. Luebbert Commentatio de Pindaro theologiae Orphicae censore Ind. Bonnens. 1888/1889 S. XI). S. auch Olympiodoros in Platonis Phaedon. p. 111, 15 ss. Norvin *ὁ γὰρ Διόνυσος, ὅτε τὸ εἴδωλον ἐνέθηκε τῶι ἐσόπτρωι, τούτωι ἐφέσπετο, καὶ οὕτως εἰς τὸ πᾶν ἐμερίσθη. ὁ δὲ Ἀπόλλων συναγείρει τε αὐτὸν καὶ ἀνάγει καθαρτικὸς ὢν θεὸς καὶ τοῦ Διονύσου σωτὴρ ὡς ἀληθῶς καὶ διὰ τοῦτο Διονυσοδότης ἀνυμνεῖται.*

[2]) Serv. ampl. Vergil. Eclog. VIII 30 p. 97, 17 ss. Thilo; S. Wide Lakonische Kulte S. 211.

[3]) Polycharmos *ἐν δευτέρωι Λυκιακῶν* (F. H. G. IV p. 479 fr. 1) bei Athen. VIII p. 333 d; Ailian hist. anim. XII 1 p. 291, 11 Herch.

Athen Platon erzählt;[1]) als Sohn der Kalliope bezeichnet ihn wohl als erster Timotheos in den Persern V. 234 f. nach der Herstellung von Wilamowitz:

πρῶτος ποικιλόμουσος Ὀρ-
φεὺς ⟨χέλ⟩υν ἐτέκνωσεν,
υἱὸς Καλλιόπα⟨ς⟩ Πιερίας ἔ(π)ι.

Vielleicht ist aber die ganze Tradition von der engen Verknüpfung des Orpheus mit dem Musenkult erst entstanden, als die thrakische Herkunft des Orpheus bereits feststand, für die das erste Zeugnis die Lykurgie des Aischylos bietet. Ein einziges Mal wird Orpheus als Sohn des Apollon und der Kalliope bezeichnet und zwar von Asklepiades im VI. Buche der Τραγωιδούμενα (Schol. Pindar Pyth. IV 313 a [II p. 140 Drachm.] F. H. G. III p. 303, Fr. 8).[2])

Erklären sich alle diese Traditionen, mögen sie alt oder jung sein, aus dem engen Zusammenhang des Orpheus mit der Apollonreligion, so bringt ein merkwürdiges, viel besprochenes attisches Vasenbild aus der zweiten Hälfte des 5. Jahrhunderts den alten Sänger wieder in einen gewissen Gegensatz zu Apollon. Erst Carl Robert hat kürzlich seine richtige Deutung gegeben und mit Recht verneint, daß es die nach einer Stelle des Philostratos Vita Apollon. IV, 14 p. 133 Kays. vielfach angenommene Existenz eines orphischen Orakels auf Lesbos beweise.[3]) Vor dem wenig über dem Erdboden schwebenden Haupte des Orpheus sitzt ein Jüngling, der in seine Schreibtafel etwas einträgt. Hinter dem Haupte steht Apollon, in der Linken einen großen Lorbeerstab haltend, die Rechte warnend gegen das Haupt und den Jüngling erhebend. Ohne Zweifel verbietet er dem Haupte das Reden oder Singen. Es ist nicht sicher, daß damit ein Orakel des Orpheus gemeint ist; es kann sich auch um andere

[1]) Respublica II p. 364 E, wo mit Diels ὁρμαθὸν für ὅμαδον zu lesen ist. Vgl. dazu P. Tannery Revue de philologie XXV 1901 p. 317 ff.

[2]) Dazu Apollodor Bibl. I 14 Καλλιόπης μὲν οὖν καὶ Οἰάγρου, κατ' ἐπίκλησιν δὲ Ἀπόλλωνος. In dem pythischen Orakel aus Menaichmos von Sikyon, das im Pindarscholion dem Asklepiadesfragment vorhergeht, heißt Orpheus Ἀπόλλωνος φίλος υἱός.

[3]) Archaeolog. Jahrbuch XXXII 1917 S. 146 ff.

unter dem Namen des Orpheus gehende Dichtungen handeln. Denn der Kern der Legende von dem schwimmenden, nie verwesenden Haupte des Orpheus,[1]) deren Vorhandensein durch das Minervinische Vasenbild schon für die Zeit des peloponnesischen Krieges nachgewiesen ist, ist doch der, daß das Haupt des durch die thrakischen Mainaden zerrissenen Sängers in alle Ewigkeit seine Mission erfüllt, daß sein liederreicher Mund nie verstummt. Ursprünglich wird gar kein bestimmter Ort angegeben sein, an dem das abgeschlagene Haupt landet. Es singt in alle Ewigkeit bis ans Ende der Welt. Wenn dann aber Lesbos oder die Melesmündung als Landungsorte bezeichnet werden, liegt der Zweck offen vor Augen. Wie durch genealogische Experimente, so soll Orpheus auch durch die Sage mit den großen Dichtern verknüpft werden. Smyrna und Lesbos werden mit dem uralten Sänger der Heldenzeit verbunden. Derselbe Sinn liegt natürlich auch der parallelen Sage von der schwimmenden Lyra zu Grunde. So scheint mir die Deutung der Schreibtafel auf dem Minervinischen Vasenbilde auf Orakel nicht notwendig zu sein. Apollon, der Gott der Dichter, verbietet dem Haupte des Orpheus das Singen. Apollon stellt sich in Gegensatz zu einer bestimmten Art orphischer Dichtung. Damals war die unter dem Namen des Orpheus gehende Poesie schon ganz im Dienste des Dionysos. Apollon gebietet ihr Halt.

Wo zuerst die Sekte der Orphiker in der Literaturgeschichte auftritt, wird auch der Name des Bakchos mit ihr zusammen erwähnt. Herodot spricht II 81 von dem ägyptischen Verbot, Wollkleider in die Heiligtümer einzuführen und in Wollkleidern die Toten zu beerdigen und fügt hinzu: *ὁμολογέουσι δὲ ταῦτα τοῖσι Ὀρφικοῖσι καλεομένοισι καὶ Βακχικοῖσι, ἐοῦσι δὲ Αἰγυπτίοισι καὶ Πυθαγορείοισι· οὐδὲ γὰρ τούτων τῶν ὀργίων μετέχοντα ὅσιον ἐστὶ ἐν εἰρινέοισι εἵμασι θαφθῆναι. ἔστι δὲ περὶ αὐτῶν ἱρὸς λόγος λεγόμενος.*[2]) Die orphischen Gebräuche oder Schriften, von denen Herodot spricht, wurden also auch als

[1]) S. die Hauptstellen bei Robert a. a. O. A. 1.

[2]) Über die Erklärung der oft mißverstandenen Stelle vgl. Rohde Psyche II[6] S. 107 A. 1. S. auch oben S. 3 A. 5.

Βακχικά bezeichnet. Nicht alle *Βακχικά* waren natürlich orphisch; sondern es heißt hier, daß es unter den *Βακχικά* auch solche gab, die in den Kreisen der Orphiker gebräuchlich waren. Wo Herodot solche *Ὀρφικὰ καλεόμενα καὶ Βακχικά* angetroffen hat, sagt er nicht. Da er *Πυθαγόρεια* mit ihnen gleichsetzt, kann man an Westgriechenland denken, aber sicherlich auch an Athen. In dem *ἱρὸς λόγος λεγόμενος* der orphischen Gemeinde stand also ein Verbot, eine den *Ὀρφικὸς βίος* betreffende Anweisung, wie wir sie ja auch sonst aus den Verboten, Eier und Bohnen zu essen, kennen.[1]) Von dieser orphischen Lebensweise klingt uns aus dem 5. Jahrhundert nirgends der Widerhall so lebendig ans Ohr wie im Hippolytos des Euripides. Dort sagt Theseus zu Hippolytos (V. 952 ff.):

ἤδη νῦν αὔχει καὶ δι' ἀψύχου βορᾶς
σῖτ' ἐκκαπήλευ',[2]) *Ὀρφέα τ' ἄνακτ' ἔχων*
βάκχευε πολλῶν γραμμάτων τιμῶν καπνούς.

Orpheus ist der *ἄναξ*, dem die Jünglinge, die so geartet wie Hippolytos sind, dienen, und ihr Dienen ist ein *βακχεύειν.*[3]) In vielen Versen (*πολλὰ γράμματα*) waren diese Lehren vorgetragen. Sie galten als thrakische Überlieferung:

ἐγὼ καὶ διὰ μούσας
καὶ μετάρσιος ᾖξα καὶ
πλείστων ἁψάμενος λόγων
κρεῖσσον οὐδὲν Ἀνάγκας
ηὗρον, οὐδέ τι φάρμακον
Θρῄσσαις ἐν σανίσιν,[4]) *τὰς*
Ὀρφεία κατέγραψεν

[1]) Lobeck Aglaoph. I p. 251; Rohde Psyche II[6] S. 126 A. 1. S. u. S. 14

[2]) So Diels Vorsokratiker II[3] S. 165, 19 statt des handschriftlichen *σίτοις καπήλευ'*.

[3]) S. die cumanische Inschrift S. 5.

[4]) Vgl. Herakleides Pontik. Schol. Eurip. Alk. V. 968 (II p. 239 Schwartz): *ὁ δὲ φυσικὸς Ἡρακλείδης εἶναι ὄντως φησὶ σανίδας τινὰς Ὀρφέως, γράφων οὕτως 'τὸ δὲ τοῦ Διονύσου κατεσκεύασται* [*ἐπὶ* del. Wilamowitz] *τῆς Θράικης ἐπὶ τοῦ καλουμένου Αἵμου, ὅπου δή τινας ἐν σανίσιν ἀναγραφὰς εἶναί φασιν* ⟨*Ὀρφέως*⟩. *Ὀρφέως* add. Wilamowitz. O. Voss De Heraclidis Pontici vita et scriptis. Diss. Rostochiensis 1896 p. 91 Nr. 100.

γῆρυς, οὐδ' ὅσα Φοῖβος Ἀσκληπιάδαις ἔδωκε
φάρμακα πολυπόνοις ἀντιτεμὼν βροτοῖσιν.
(Eurip. Alkestis V. 962 ff.)

Zu den φάρμακα gehörte dann auch die ἐπῳδὴ Ὀρφέως, von der der Chor im Kyklops V. 647 spricht, wie denn auch Hippolytos von Theseus ἐπῳδὸς καὶ γόης gescholten wird.[1]) Bei Euripides ist die thrakische Herkunft des Orpheus feststehend. Das bezeugt neben den in der Alkestis erwähnten Θρῇσσαι σανίδες namentlich die neugefundene Hypsipyle, in der die Θρῇσσα κίθαρις Ὀρφέως erwähnt und weiter berichtet wird, daß Iason seine beiden Knaben Euneos und Thoas ihrer Mutter Hypsipyle ἀπομαστιδίω (so Diels zweifelnd statt des handschriftlichen ἀπομαστίδιον) auf der Argo mit nach Kolchis genommen habe; nach Iasons Tode habe darauf Orpheus die verwaisten Knaben in Thrakien erzogen.[2]) Euripides ist auch der erste, der von der Hadesfahrt und der Wirkung seines Liedes in der Welt der Toten zu berichten weiß und zwar wieder in der Alkestis, die V. 357 ff. die Worte spricht:

εἰ δ' Ὀρφέως μοι γλῶσσα καὶ μέλος παρῆν,
ὥστ' ἢ κόρην Δήμητρος ἢ κείνης πόσιν
ὕμνοισι κηλήσαντά σ' ἐξ Ἅιδου λαβεῖν,
κατῆλθον ἄν.

Freilich wird sich nicht feststellen lassen, ob das berühmte Orpheusrelief, das die selbe Sage zum Vorwurf genommen hat, einige Jahre älter oder jünger ist. Beides bezeugt schon als Motiv der Hadesfahrt den Tod der Gattin; wenigstens wird man auch das Dichterwort ohne Zaudern darauf deuten können. Nicht aber darf man als sicher gelten lassen, daß dies das ursprüngliche Motiv war. Jedenfalls ist die Ausschmückung der Eurydikesage erst in der hellenistisch-römischen Zeit erfolgt. Möglich ist es, daß Eurydike ursprünglich eine Form der Unterweltsgöttin war; denn auch die Mutter des Archemoros von Nemea, der wohl richtig als 'Herr der Toten' gedeutet worden

[1]) Vgl. Schol. ad Rempubl. p. 424 D p. 150 Ruhnk.

[2]) C. Robert Hermes XLIV 1909 S. 378 f.; Supplem. Euripideum bearb. von H. v. Arnim S. 51 Fr. I Kol. 3 V. 10 und S. 67 Fr. LXIV Kol. 1 V. 36 ff.

ist und in der Sage als Knabe von einer Schlange getötet wird, hieß Eurydike (Pauly-Wissowa R.-E. VI S. 1325). Eurydike wäre ein euphemistischer Name für die Herrin der Unterwelt, wie sich die griechische Religion ja oft scheut, die finsteren Gewalten des Todes nach ihrem Wesen zu benennen. So heißt der Unterweltsgott und zwar wahrscheinlich zuerst in Eleusis Pluton der Reichtumspender oder Polydektès der große Gastwirt; auch Anytos 'der Vollender', der uns aus der Kultgruppe des Damophon vertraut ist, kommt für ihn vor und mancher andere.[1]) Eurydike wäre die 'Weithinherrschende'. Man müßte dann annehmen, daß die älteste Form der Sage von Orpheus und Eurydike die war, daß der berühmte Sänger der Heldenzeit in die Unterwelt hinabstieg, um die Hadeskönigin durch sein Leierspiel und seinen Gesang zu bezwingen und heraufzuholen, wie das schon Peirithoos und Theseus versucht hatten. Aber literarische oder monumentale Belege sind für diese Vermutung nicht vorhanden. Platons Erzählung (im Symposion p. 179 D) von dem Phasma, das die Götter dem Orpheus statt seiner Gattin, deretwegen er in den Hades hinabstieg, gegeben haben, so daß er unverrichteter Sache in die Oberwelt zurückgehen mußte, steht ganz isoliert da und ist vielleicht durch das von Stesichoros erfundene Eidolon der Helene veranlaßt worden. Auch das schon erwähnte vielbewunderte Orpheusrelief, auf dem Hermes, Orpheus und Eurydike dargestellt sind, ist noch immer nicht sicher gedeutet worden und darf als sicherer Beweis dafür, daß die bekannte Form der Sage von dem durch Orpheus' Ungehorsam verschuldeten Mißlingen seiner Hadesfahrt bereits im 5. Jahrhundert bekannt war, nicht benutzt werden. Es ist im höchsten Grade unwahrscheinlich, daß Orpheus bereits in dieser Zeit mit dem Makel der Neugierde in der Sage behaftet war. Das hat schon Ernst Curtius (Ges. Abhdlg. II S. 185) ganz richtig empfunden. Denn Orpheus galt im 5. Jahrhundert in weiten Kreisen nicht nur als der Sänger der Vorzeit, der durch seinen Sang alles mit sich fortreißt, sondern als der weise Lehrer der Menschheit, als Stifter heiliger Weihen.

[1]) Athen. Mitteil. XVI 1890 S. 11 f.

Freilich glaube ich nicht, daß die Figur des Orpheus damals schon mit Eleusis in Verbindung gebracht worden ist. In neuerer Zeit ist das oft und hartnäckig behauptet worden. Man hat für diese Ansicht namentlich aus der berühmten Stelle in den Fröschen des Aristophanes V. 1032 f.

Ὀρφεὺς μὲν γὰρ τελετάς θ' ἡμῖν κατέδειξε φόνων τ' ἀπέχεσθαι
Μουσαῖος δ' ἐξακέσεις τε νόσων καὶ χρησμούς

Kapital schlagen wollen. Jedoch ist das in keiner Weise aus dem Wortlaut zu erschließen; sondern wenn Orpheus hier mit Musaios, Hesiod und Homer zusammen genannt wird, müssen wir an die zur Zeit des Aristophanes gewiß schon üppig ins Kraut geschossene orphische Literatur denken. *Τελεταί* sollte schon Onomakritos unter dem ehrwürdigen Namen des Orpheus herausgegeben haben, und das *φόνων τ' ἀπέχεσθαι* ist als ein Zeichen des *Ὀρφικὸς βίος*[1]) allgemein bekannt. Auch die Worte in der Rede Pseudodemosthen. XXV 11[2]) *ὁ τὰς ἁγιωτάτας ἡμῖν τελετὰς καταδείξας Ὀρφεύς* darf man nicht unbedacht auf Eleusis beziehen. Wenn der Verfasser dieser Rede nach A. Dieterichs sehr wahrscheinlicher Vermutung[3]) in die orphischen Weihen eingeweiht war, hat er sie natürlich als *ἁγιωτάτας* angesehen, und wer in aller Welt will wissen, daß das nicht der Fall war?

Von dem kathartischen Treiben der Orphiker erzählt uns freilich Genaueres erst Platon. Aber wie darf man daraus schließen, daß die praktische Tätigkeit der Orphiker erst im 4. Jahrhundert einsetzt? Dagegen spricht schon der Hippolytos des Euripides. Die große Wirkung der Theogonie erklärt sich

---

[1]) Der Ausdruck steht bei Platon *Νόμοι* VI p. 782 C: *τὸ δὲ μὴν θύειν ἀνθρώπους ἀλλήλους ἔτι καὶ νῦν παραμένον ὁρῶμεν πολλοῖς· καὶ τοὐναντίον ἀκούομεν ἐν ἄλλοις, ὅτε οὐδὲ βοὸς ἐτόλμων μὲν γεύεσθαι, θύματά τε οὐκ ἦν τοῖς θεοῖσι ζῶια, πέλανοι δὲ καὶ μέλιτι καρποὶ δεδευμένοι καὶ τοιαῦτα ἄλλα ἁγνὰ θύματα, σαρκῶν δ' ἀπείχοντο ὡς οὐχ ὅσιον ὂν ἐσθίειν οὐδὲ τοὺς τῶν θεῶν βωμοὺς αἵματι μιαίνειν, ἀλλὰ Ὀρφικοί τινες λεγόμενοι βίοι ἐγίγνοντο ἡμῶν τοῖς τότε, ἀψύχων μὲν ἐχόμενοι πάντων, ἐμψύχων δὲ τοὐναντίον πάντων ἀπεχόμενοι.*

[2]) Vgl. Rich. Schläfke De Demosthenis quae dicuntur adversus Aristogitonem orationibus. Diss. Gryphiswald. 1913 p. 93 f.

[3]) Vgl. auch R. Hirzel *Ἄγραφος Νόμος* S. 80 A. = Abh. Sächs. Ges. der Wiss. phil.-histor. Klasse XX 1903.

daraus, daß in ihr eine moralische Tendenz ausgesprochen war. Die alten Gleise der hesiodischen Theogonie wurden durch neue Gedanken und Lehren wieder fahrbar gemacht. Der älteste Orpheotelest, Philippos genannt, begegnet uns als Zeitgenosse des spartanischen Königs Leutychides. Es liegt kein Grund vor, die Existenz dieses Orphikers des 5. Jahrhunderts zu leugnen.[1]) Daß die Theogonie im 5. Jahrhundert in Athen bereits allbekannt war, lehrt ihre vortreffliche Parodie durch den Chor der Vögel.[2])

Nehmen wir zu all diesen Zeugnissen nun noch die bildliche Darstellung des Orpheus im 5. Jahrhundert hinzu, so haben wir bereits fast alles zusammengestellt, was uns bis zum Ende des peloponnesischen Krieges über Orpheus überliefert ist. Voran geht das Bild des Orpheus auf Polygnots Nekyia in der Lesche von Delphi. Er war da noch nicht als Thraker dargestellt, als welcher er auf dem berühmten Relief erscheint. Auch auf anderen Vasenbildern des schönen Stils, vor allem auf der von Furtwängler (50. Berliner Winckelmannsprogramm 1890 Taf. II) zuerst herausgegebenen Amphora aus Gela, erscheint unter Thrakern der auf einem Hügel wie bei Polygnot sitzende, mit Epheu oder Lorbeer auf dem Haupte bekränzte Grieche Orpheus. Die ältere Vasenmalerei stellt wie Polygnot Orpheus durchgehend als Griechen dar. So weit ich sehen kann, machen nur das Neapler Relief mit seinen Repliken und der Orpheus auf dem Weihgeschenk des Mikythos in Olympia eine Ausnahme. Ganz und gar durchgedrungen ist im 5. Jahrhundert die Meinung von dem Thraker Orpheus durchaus nicht. Das olympische Weihgeschenk des Mikythos scheint das erste monumentale Zeugnis zu sein, wenn auf Pausanias Verlaß ist (s. oben S. 4). Es kann also nach dem Befunde unserer Quellen nicht geraten sein, von Thrakien als dem Ursprung der Orpheussage auszugehen.

Auch der Name Orpheus weist nicht nach Thrakien, sondern läßt sich aus griechischen Sprachmitteln erklären, wie mich Friedrich Bechtel mit so oft schon bewährter, freundlicher

[1]) Mit Recht hat so gegen C. O. Müller Prolegomena S. 381 Rohde Psyche II⁶ S. 111 A geurteilt.

[2]) De Orphei Epimenidis Pherecydis quaest. criticae 1888 p. 48ff.

Bereitwilligkeit belehrt hat. Denn "aus der Hesychglosse ὀρφοβόται· ἐπίτροποι ὀρφανῶν wird ersichtlich, daß die Griechen das gleiche Wort besessen haben, das bei den Lateinern orbus lautet; es ist durch ὀρφανός verdrängt worden.[1]) Dies Wort muß den Sinn 'verlassen' haben. Es liegt auch dem Personennamen Ὀρφώνδας zu Grunde, den ein Thebaner des 7. Jahrhunderts führt (Pausanias X, 7, 7), vermutlich nach dem Fischnamen ὀρφός, der aus ὀρφωϝός entstanden sein kann. Zwischen Ὀρφεύ und Ὀρφωϝό- findet dann eine engere Beziehung in der Stammbildung statt, da ευ und ωϝο Variationen eines einzigen Elements sind. So weit kommt man mit der exakten Wortanalyse. Über diese hinaus führt die Kombination mit dem Namen Θάμυρις. Was sich aus diesem ergibt, hat Fick Zeitschrift für vergleichende Sprachforschung XLVI S. 97 ausgesprochen; ich habe dies Histor. Personennamen S. 508 etwas genauer ausgeführt. Der Name Θάμυρις ist ersichtlich ein Abstractum, das in der Hesychglosse θάμυρις· πανήγυρις· σύνοδος erläutert wird. Dies Abstractum ist zum Namen erhoben worden wie ἀνάψυξις, ἀντίβασις, ἀντίστασις, so daß es den Sinn empfängt: 'die zur πανήγυρις erhobene Person'. Kombiniert man nun Θάμυρις mit Ὀρφεύς, so erhält man zwei entgegengesetzte Gestalten (das eben ist Ficks Gedanke): Θάμυρις der Sänger, der sich an die πανήγυρις wendet, Ὀρφεύς der, der in der Verlassenheit bleibt. Ὀρφεύς ist der Sohn des Οἴαγρος. Dieser Name ist leider mehrdeutig; Fick interpretiert ihn: 'der einsam (οἶϝος) auf dem Felde lebt'; man kann aber auch verstehen: 'der Schafe und Felder hat' (vgl. Πολίαγρος)." Des Weiteren teilte mir Bechtel seine gewichtigen Bedenken mit, die gegen die oft empfohlene Herleitung von ὄρφνη sprechen, die auch ich lange für wahrscheinlich gehalten habe. Die Fick-Bechtelsche Deutung bestätigt mir die Gedanken, auf die mich immer wieder erneute Betrachtung der Orpheusüberlieferung geführt hat. Die ganze Orpheusgestalt ist eine verhältnismäßig junge Schöpfung und zwar die Schöpfung

[1]) Schon Klausen (s. dagegen Gruppe a. a. O. S. 1112) hat Orpheus mit ὀρφανός in Zusammenhang gebracht und ihn als den 'einsam auf dem Felde'-gefundenen gedeutet.

einer Kultgemeinschaft, die einsame Pfade wandelte. Der Name und die Urgestalt des Orpheus ist nicht anders zu werten als die des Bakis und der Sibylle. Es waren dies eigentlich Appellativa 'Bezeichnungen begeisterter *χρησμῳδοί*', wie schon die Alten wußten.[1]) Mit Recht spricht man nach Aristoteles' Vorgang[2]) von dem Treiben der Bakiden und Sibyllen. Außerordentlich wichtig für unsere Untersuchung ist auch die Überlieferung, daß *Βάκις* ein Epitethon des Peisistratos (Schol. Aristoph. Frieden 1071) gewesen sein soll, und der Name Herophile für die Sibylle von Erythrai ist ja bekannt genug. Wie aus den *Βάκιδες* und *Σίβυλλαι* éin Bakis, éine Sibylle geworden ist, so hat sich aus dem Kreise der 'Verlassenen' eine mythische Gestalt herausgebildet. Die Beobachtung, daß der Orpheusmythos und die Dichter der Orphiker zusammen auf dem Plane erscheinen, hat mich zu dieser Vermutung geführt, ehe ich die Fick-Bechtelsche Namenerklärung kannte. Vergeblich sucht man aus den Kultstätten des Orpheus und der Musen Aufklärung über Werden und Gang der Orpheusgestalt. Der große Scharfsinn, den hervorragende Forscher dafür aufgewandt haben, hat versagt. Nirgends haftet diese Sagenfigur fest; nirgends scheint sie zu Hause zu sein. Wir werden auch vergeblich 'die Verlassenen' in ihrer ersten Heimat lokalisieren können. Sie tauchen auf zu gleicher Zeit in Westgriechenland und in Attika, und es haben sich zunächst wohl viele *Ὀρφεύς* genannt, bis sich die Gemeinden e i n e n Orpheus schufen als ihren *ἥρως καὶ ἀρχηγέτης*. So erklärt sich das bei Cicero De natura deorum I 38, 107 p. 251 Plasberg überlieferte Wort des Aristoteles, daß es niemals einen Dichter Orpheus gegeben habe, womit seine vorsichtigen Wendungen in anderen Schriften wie *ἐν τοῖς Ὀρφικοῖς ἔπεσι καλουμένοις* (De anima A 5, p. 415 b 22) oder *ἐν τοῖς καλουμένοις Ὀρφέως ἔπεσιν* (De generat. animal. B 1 p. 734 a. 16) in Einklang stehen. Es haben viele unter diesem Namen, unter

[1]) Rohde Psyche II[6] S. 64 A. 1.

[2]) Aristotel. problem. 30, 1 p. 954 a 36 *πολλοὶ δὲ καὶ διὰ τὸ ἐγγὺς εἶναι τοῦ νοεροῦ τόπου τὴν θερμότητα ταύτην νοσήμασιν ἁλίσκονται μανικοῖς ἢ ἐνθουσιαστικοῖς, ὅθεν Σίβυλλαι καὶ Βάκιδες καὶ οἱ ἔνθεοι γίνονται πάντες, ὅταν μὴ νοσήματι γένωνται ἀλλὰ φυσικῆι κράσει.* Vgl. [Platon] Theages p. 124 D.

dem sich etwa vom 7. Jahrhundert an, als die orphischen Gemeinden konsolidiert waren, eine einheitliche mythische Gestalt verbarg, gedichtet. Das Lexikon des Suidas zählt folgende Dichter Namens Orpheus auf: *Ὀ. Καμαριναῖος ἐποποιός. Ὀ. Κικοναῖος ἢ Ἀρκάς, ἐκ Βισαλτίας τῆς Θραικικῆς, ἐποποιός. Ὀ. Κροτωνιάτης ἐποποιός. Ὀ. Λειβήθρων τῶν ἐν Θράικηι (πόλις δέ ἐστιν ὑπὸ τῆι Πιερίαι), υἱὸς Οἰάγρου καὶ Καλλιόπης. Ὀ. Ὀδρύσης ἐποποιός.*[1]) Es hat aber niemals den Dichter Orpheus gegeben, von dem die Sage erzählte. Die Sibyllen hatten persönliche Benennungen wie Herophile, Demophile (Demo), Phyto (*Φοιτώ*?); von Bakiden begegnen uns Aletes und Kydas.[2]) Gewiß ist es schwer, vielleicht unmöglich, aus diesen Persönlichkeiten noch den historischen Kern je wiederzugewinnen. Aber es muß doch einmal konstatiert werden, daß eine ähnliche Überlieferung in noch viel reicherer Fülle in der orphischen Literatur vorliegt. Außer den schon oben erwähnten Westgriechen sind hier noch zu nennen Theognetos aus Thessalien, von dem (wie auch von Kerkops dem Pythagorer) die *Ἱεροὶ λόγοι* in 24 Rhapsodieen herrühren sollten, Persinos von Milet, dem wie dem Timokles von Syrakus *Σωτήρια* zugeschrieben wurden, Herodikos von Perinth, unter dessen Namen eine *Εἰς Ἅιδου κατάβασις* lief, die auch Prodikos von Samos zugeteilt wurde. Man pflegt gewöhnlich Prodikos von Samos mit Herodikos von Perinth zu identifizieren und einen Fehler der Überlieferung anzunehmen. Das scheint aber nicht rätlich zu sein, weil auch dem Orpheus von Kamarina ein gleichlautendes Gedicht zugeschrieben wurde und es gewiß eine größere Anzahl solcher *Εἰς Ἅιδου καταβάσεις* gegeben hat. Vielleicht spreche ich mit Recht diesem orphischen Kreise auch den von Polygnot auf seiner Nekyia in der Lesche von Delphi gemalten Promedon zu, von dem Pausanias[3]) sagt, daß die einen

---

[1]) Anderes noch bei Gruppe a. a. O. S. 1058.

[2]) Pauly-Wissowa R. E. II S. 2802.

[3]) Pausan. X 30, 7 *τῶι δένδρωι δὲ τῆι ἰτέαι* (unter der Orpheus sitzt) *κατὰ τὸ ἕτερον μέρος προσανακεκλιμένος ἐστὶν αὐτῆι Προμέδων· εἰσὶ μὲν δὴ οἳ νομίζουσι καθάπερ ἐς ποίησιν ἐπεισῆχθαι τὸ Προμέδοντος ὄνομα ὑπὸ τοῦ Πολυγνώτου, τοῖς δὲ εἰρημένον ἐστὶν ἄνδρα Ἕλληνα ἔς τε τὴν ἄλλην ἅπασαν γενέσθαι φιλήκοον μουσικὴν καὶ ἐπὶ τῆι ὠιδῆι μάλιστα τοῦ Ὀρφέως.* C. Robert Nekyia des Polygnot. XVI. Hall. Winckelmannsprogr. 1892 S. 50.

ihn für eine Erfindung des Polygnot gehalten hätten, die anderen für eine historische Persönlichkeit, einen Griechen, der wie für alle Musik so ganz besonders für den Gesang des Orpheus begeistert gewesen sei. In diese Reihe gehört aber nun unzweifelhaft auch der vielberufene Onomakritos hinein. Wie Peisistratos das Epitheton Bakis geführt haben soll (s. oben S. 17), wie die erwähnten Westgriechen aus Kroton und Kamarina schwerlich von Anbeginn an den Personennamen Orpheus — der nach Bechtels neuem prächtigem Namenbuche als solcher sonst nirgends vorkommt [1]) — gehabt haben, hat Onomakritos unter dem Namen Orpheus gedichtet. Wie der Krotoniat war auch er ein Genosse des Peisistratos. Für Onomakritos als den Verfasser sogenannter orphischer Schriften besitzen wir das Zeugnis des Aristoteles aus seinem Dialog *Περὶ φιλοσοφίας*, das ohne jeden Grund angezweifelt worden ist: *λεγομένοις εἶπεν* (Aristoteles *Περὶ ψυχῆς* I 5 p. 1410 b 28), *ἐπειδὴ μὴ δοκεῖ Ὀρφέως εἶναι τὰ ἔπη, ὡς καὶ αὐτὸς ἐν τοῖς Περὶ φιλοσοφίας* (fr. 7 Rose³) *λέγει· αὐτοῦ μὲν γάρ εἰσι τὰ δόγματα, ταῦτα δέ φασιν Ὀνομάκριτον ἐν ἔπεσι κατατεῖναι.* Nach dem Katalog des Suidas wurden ihm auch *Χρησμοί* und *Τελεταί* zugeschrieben. Die *χρησμοί* des Onomakritos werden freilich an einer berühmten Stelle des Herodot in anderem Zusammenhange erwähnt; da heißt er *χρησμολόγος τε καὶ διαθέτης χρησμῶν τῶν Μουσαίου.* Wir können aus ihr nur lernen, daß der Name der Musaios, der später fast immer als Sohn oder Schüler des Orpheus galt — viele orphische Schriften sind an ihn gerichtet —, schon im 5. Jahrhundert in die orphische Literatur eingeführt war. Onomakritos war jedenfalls ein ganz besonders fruchtbarer Orphiker. Aus den *Τελεταί* scheint zu stammen, was Pausanias VIII 37, 5 berichtet: *παρὰ δὲ Ὁμήρου Ὀνομάκριτος παραλαβὼν τῶν Τιτάνων τὸ ὄνομα Διονύσωι τε συνέθηκεν ὄργια καὶ εἶναι τοὺς Τιτᾶνας τῶι Διονύσωι τῶν παθημάτων ἐποίησεν αὐτουργούς.* Es ist unzweifelhaft, daß in den orphischen Theogonieen der Zerreißung des jungen Dionysos Zagreus ein bedeutsamer Teil gewidmet war; aber es ist nicht

[1]) Wohl aber *Θάμυρις* s. F. Bechtel Historische Personennamen S. 508; vgl. oben S. 16.

sicher, daß die *Τελεταί* des Onomakritos eine Theogonie waren, wie es Lobeck einst angenommen hatte. Vielmehr gehören die *Τελεταί* in den praktischen Gottesdienst, wie E. Rohde, Psyche II⁶ S. 112 A. 3 treffend hervorgehoben hat, und es ist allerdings selbstverständlich, daß sich diese praktische Theologie auf die Dogmen bezog, die in der Theogonie niedergelegt waren. Die *παθήματα* des Dionysos und die damit eng verknüpfte Bestrafung der Titanen waren ein Kardinalpunkt der orphischen Religion. Onomakritos ist nirgends als Verfasser einer orphischen Theogonie bezeugt;[1] aber die athenische Tendenz einer unter dem Namen des Orpheus gehenden Theogonie ist deutlich. Denn es ist überliefert, daß von allen Gliedmaßen allein das Herz des Dionysos übrig geblieben sei, weil es Athene gerettet habe. Sie gibt es dem Zeus, der es verschlingt, damit aus ihm dereinst der neue Dionysos, der Sohn des Zeus und der Semele, ersteht und der Welt neue dionysische Segnungen bringt.[2] Es ist uns der Vers: *μούνην γὰρ κραδίην νοερὴν λίπον* durch Proklos im Tim. II p. 145, 18ss. Diehl erhalten: das von den Titanen verschonte Herz rettet Athens große Göttin, die auch sonst in der orphischen Theogonie bedeutsam hervortritt. Sie ist mit Hephaistos eng verbunden; von ihr und dem Hephaistos heißt es, daß ihnen die Kyklopen

δαίδαλα πάντ' ἐδίδαξαν, ὅσ' οὐρανὸς ἐντὸς ἐέργει,[3]

und *ἀθανάτων προφερεστάτη ἐστὶν ἁπασῶν ἱστὸν ἐποίχεσθαι*

wird sie genannt[4] und gilt als Verkörperung der *ἀρετή* (Abel fr. 136). Auch ihre Geburt in Waffenrüstung aus dem Haupte

---

[1]) Wir wissen nicht, was das für *ἔπη* waren, in denen Onomakritos (Pausan. IX 35, 5) die Chariten mit den gleichen Namen wie Hesiod Theogon. V. 907f. bezeichnet hat, ebensowenig, in welchen *ἔπη* (Pausan. VIII 31, 3) der idaiische Daktyl Herakles vorkam. Es ist natürlich möglich, daß dies eine Theogonie war.

[2]) Abel. fr. 198. 199; dazu aber noch Proklos in Cratylum p. 115 mit der Anmerkung von Pasquali p. 109.

[3]) Proklos in Platon. Tim. I p. 327, 23ss. Diehl; vgl. Lobeck Aglaopham. I p. 504.

[4]) Derselbe I p. 135, 6ss. Diehl; Lobeck I p. 541; Abel fr. 135.

des Zeus-Metis war ausführlicher geschildert (Abel fr. 131—133).[1] Noch in den geringen Bruchstücken gewahrt man den Hauch attischer religiöser Empfindung.

Diese Auffassung der Orpheusfigur als einer Schöpfung der orphischen Sekte hat aber nicht nur bei den Βάκιδες und Σίβυλλαι ihre Parallele, sondern wird auch sonst durch Analogieen aus dem Gebiete hellenischer Religion empfohlen. Niemand zweifelt an der Entstehung der Eumolposgestalt aus dem eleusinischen Geschlecht der Εὐμολπίδαι, das die Hierophanten stellte und seinen Namen von einer sakralen Funktion herleitete. Das Geschlecht der Κήρυκες hat erst den göttlichen Κῆρυξ erzeugt, wie das der Κροκωνίδαι den Κρόκων. Wenn sich meine Ansicht über die Entstehung der Orpheusgestalt bewährt, muß kenntlich werden, weshalb sie so geworden ist, wie sie ist, muß sie mit dem Werden und Wesen der Sekte, die scheinbar nach ihr ihren Namen trägt, eng zusammenhängen. Da gilt es nun, den Kern der Gestalt zu erfassen.

Was ist das Wesen des Orpheus, was ist der Kern seines Mythos? Unzweifelhaft ist er überall als Sänger gedacht. Eine Orpheusfigur ohne die Lyra oder Kithara ist kaum denkbar. Darum ist es schon von vornherein bedenklich ihn als einen Unterweltsgott aufzufassen, wie das so oft geschehen ist. Wenn die Herleitung seines Namens von ὄρφνη fortfällt (s. S. 16), ist auch dazu gar kein Grund vorhanden. Denn wie seine Beziehung zur Unterwelt zu erklären ist, wird bald offenbar werden. Aber das Wesentliche ist nicht allein das Leierspiel, zu dem er seine Lieder singt, sondern das Singen in der Einsamkeit der Natur, die er durch die Gewalt seiner Lieder bezwingt: ὁ μὲν γὰρ ἦγε πάντ' ἀπὸ φθογγῆς χαρᾶι dichtet Aischylos im Jahre 458, und wenn ihn Polygnot in der Unterwelt gemalt hat, wie er mit der rechten Hand eine Weide berührt und sich an den Stamm lehnt, ist auch vielleicht die Vorstellung gegeben, daß seinem Saitenspiel die Bäume lauschen. Pausanias meint, daß mit diesem Baume der Hain der Persephone angedeutet sei, in dem nach Homers Meinung Schwarzpappeln und Weiden wachsen. Der

---

[1]) Zu fr. 133 vgl. Kroll Philologus N. F. VII (1894) S. 420 n. 5.

ἥρως ἀρχηγέτης καὶ κτιστής der Verlassenen, der Einsamen singt in der Einsamkeit sein alles bezwingendes Lied. Dadurch erklärt sich seine enge Beziehung zu Apollon, die Aischylos in einen religiösen Gegensatz zu Dionysos verwandelt hat. Die Macht des Gesanges des Orpheus ist durch das ganze Altertum und weit darüber hinaus sprichwörtlich geworden. Der Vers aus Aischylos' Agamemnon (s. oben S. 21) und Simonides' (fr. 40 Bergk[4]) Worte:

τοῦ καὶ ἀπειρέσιοι ποτῶντο
ὄρνιθες ὑπὲρ κεφαλᾶς, ἀνὰ δ'
ἰχθύες ὀρθοί
κυανέου ἐξ ὕδατος ἅλλοντο
καλᾶι σὺν ἀοιδᾶι

sind die ältesten Zeugen; von da ab wird die Wirkung des Gesanges des Orpheus von den Dichtern in vielen Variationen lebhaft beschrieben oder in der Kunst dargestellt. Daß der Inhalt seiner Gesänge religiösen Inhalts war, hat auch die christliche Kunst nicht vergessen, die ihn so oft der Gestalt des Heilands angeglichen hat.[1]) Im Altertum sind allerlei Deutungen für den Gesang des Orpheus aufgestellt worden. So ist namentlich die wahrscheinlich stoische Erklärung verbreitet, daß die Menschen der Vorzeit, ehe sie durch den Gesang des Orpheus gebildet waren, Steinen, Bäumen, Tieren geglichen hätten, wofür namentlich Horatius epist. ad Pison. V. 391 ss. den treffendsten Ausdruck gewonnen hat:

silvestris homines sacer interpresque deorum
caedibus et victu foedo deterruit Orpheus,
dictus ob hoc lenire tigris rabidosque leones.

In neuerer Zeit hat Gruppe a. a. O. S. 1117 vorgeschlagen, in dieser Dichtung von der Wirkung des Gesanges des Orpheus die Legende eines Heiligtums zu erkennen, „welche die Gesinnung

[1]) Höchst wahrscheinlich ist die kleinasiatische Darstellung des bartlosen Christus durch den bartlosen Orpheus beeinflußt worden, wie mir auf meine Anfrage Josef Strzygowski, dem die Leser einen wertvollen Beitrag über die Orpheus-Darstellungen unten S. 58 ff. verdanken, freundlichst bestätigt. Auch Johannes Ficker (mündlich) hält diese Vermutung für sehr möglich.

eines besonders wertvollen Unterpfandes der göttlichen Gnade, also z. B. gewisser Bäume, deren Laub oder Frucht für wunderkräftig im Ritual galt, darstellte." Man kann darin vollständig mit Gruppe übereinstimmen, daß das Wesentliche dieses Mythos nicht in der Wirkung auf die Menschen, sondern auf die leblose Natur beruht. Von ihr muß ausgehen, wer den Mythos deuten will. Aber Gruppe beschränkt die Wirkung auf gewisse Bäume und versucht nicht den Mythos mit dem Namen, den auch er für griechisch hält, in Einklang zu bringen. Darin aber sind wir uns einig, daß die Lösung in der Sphäre des Kultus zu suchen ist. Orpheus ist der einsame Sänger, der vor den Steinen, Bäumen, Tieren singt, der Heros einer in der Einöde lebenden Kultgemeinschaft im Gegensatz zu Thamyris, der in der *πανήγυρις* singt. Zu Orpheus paßt also sein Vater vortrefflich, „der einsam auf den Feldern Lebende", wie der Name Oiagros wohl mit A. Fick am besten zu deuten ist. Diesen Vater, der ihm zudem bei weitem am häufigsten zugeteilt wird, hat Orpheus schon bei Pindar (s. oben S. 6), Platon und Timotheos. Der Name der Mutter ist der der Muse Kalliope und paßt nicht minder zum Wesen des Sohnes.

Es ist kein großer Schritt zu der weiteren Erfindung, daß Orpheus auch die Toten seinem Saitenspiel lauschen läßt, daß er also in die Unterwelt hinab steigt.[1]) Die Sage ist entstanden aus dem Inhalt der Poesie der Orphiker, die sich wie keine andere in hellenischen Landen mit dem Jenseits beschäftigte. *Εἰς Ἅιδου καταβάσεις* waren die Titel verschiedener in ihren Kreisen entstandener Gedichte (s. oben S. 18). Das Werden und Wesen der Seele war in ihrer Lehre ein so wichtiger Bestandteil, daß E. Rohde ihnen in seiner Psyche ein ganzes Kapitel widmen mußte, und A. Dieterich hat die Jenseitsvorstellungen der Orphiker in seiner Nekyia bis in das Paradies und die Hölle der Christen hinein verfolgt. Orpheus in der Unterwelt zeigen uns einige der viel besprochenen unteritalischen Unterweltsvasen, deren Darstellung Ernst Kuhnert, freilich nicht ohne Widerspruch

[1]) Wie das am lebendigsten auf den unteritalischen Unterweltsvasen dargestellt ist. S. auch Isokrates XI 8 *ἐξ Ἅιδου τοὺς τεθνεῶτας ἀνῆγεν.*

zu finden, mit den Goldplättchen der unteritalischen Gräber in direkten Zusammenhang bringen wollte.[1] Es ist schon oben betont, daß die uns geläufige Form der Eurydikesage schwerlich die älteste ist. Es sind vielmehr Spuren vorhanden, die auf eine Version führen, in der Orpheus' Hinabfahrt[2] ein glückliches Ende findet. In Hermesianax' Leontion (Athen. XIII S. 597c) hieß die Gemahlin des Orpheus Agriope, die dieser

ἔνθεν ἀοιδιάων μεγάλους ἀνέπεισεν ἄνακτας
Ἀγριόπην μαλακοῦ πνεῦμα λαβεῖν βιότου

Von einem Mißlingen der Unterweltsfahrt steht hier nichts zu lesen. Das erste aus Hermesianax zitierte Distichon

οἵην μὲν φίλος υἱὸς ἀνήγαγεν Οἰάγροιο
Ἀγριόπην Θρῇσσαν στειλάμενος κιθάραν
Ἀιδόθεν

spricht sogar für den glücklichen Ausgang.

Aus den Worten der Alkestis

εἰ δ' Ὀρφέως μοι γλῶσσα καὶ μέλος παρῆν,
ὥστ' ἢ κόρην Δήμητρος ἢ κείνης πόσιν
ὕμνοισι κηλήσαντα σ' ἐξ Ἅιδου λαβεῖν,
κατῆλθον ἂν

muß ein unbefangener Leser den glücklichen Ausgang von Orpheus' Hadesfahrt herauslesen, und in Platons Symposion, in dem von dem Umwenden des Orpheus nicht die Rede ist, erhält er freilich die Gattin nicht zurück, aber ein *φάσμα* (s. oben S. 13). Wenn diese Version eine Nachahmung der stesichoreischen vom Eidolon der Helene ist und von Platon selbst erfunden ist, kann man zuversichtlich annehmen, daß auch er nur die von der ungestörten Heraufholung der Gattin kannte, wie auch Moschos III V. 124 ff.

---

[1] Kuhnert Archaeol. Jahrbuch VIII 1893 S. 104 ff. und seine Replik gegen Milchhoefer Philologus N. F. VIII 1895 S. 193 ff.

[2] Am Kap Tainaron und in Thesprotien (vgl. Gruppe a. a. O. S. 1100) war die *κατάβασις Ὀρφέως* lokalisiert. Weitere Schlüsse für die Herkunft der Orpheusfigur sind daraus schwerlich zu ziehen. Die *κατάβασις* wurde an beiden Orten angesetzt, als Orpheus' Beziehung zur Unterwelt durch Dichtung oder Sage bereits fixiert war. So steht es überhaupt mit Orpheus im Kult. Es ist alles sekundär.

den traurigen Ausgang der Hadesfahrt keineswegs bezeugt. Erst in hellenistisch-römischer Zeit ist die uns vertraute Form der Eurydikesage entstanden; und eine wenn auch von Meistern unserer Wissenschaft vorgetragene, so doch willkürliche Vermutung ist es, ein altorphisches Gedicht, das auch mir ohne Grund mit der Minyas identifiziert zu sein scheint,[1]) anzunehmen, in dem sie erzählt war. Dem gegenüber ist zu betonen, daß weder Agriope noch Eurydike in der orphischen Literatur, soweit wir sie heute kennen, vorkommen. Denn wenn Plutarch De sera num. vind. c. 22 (III p. 462 Bernard.) auch sicher alten orphischen Vorstellungen folgt, so kann der Sänger, der die Psyche seiner Gattin sucht, von ihm selber hinzugefügt sein.

Der dritte Mythos, den die Orpheusgestalt umgibt, ist die Sage von seinem Tod, den man mit Fug und Recht als einen Märtyrertod bezeichnen darf. Er erinnert uns an den Tod christlicher Missionare von der Hand der Heiden. In den *Βασσαρίδες* fällt der apollinische Sänger als Opfer wilder thrakischer Weiber, der Grieche im Barbarenlande. Erst in der zweiten Hälfte des 5. Jahrhunderts tritt Orpheus als Thraker auf. Er ist ein solcher wahrscheinlich geworden, als die 'Einsamen', wie ich die Orphiker nennen will, die thrakische Dionysosreligion zum Inhalt ihrer Weihen und ihrer Lehren gemacht hatten. Zu dem Charakter des Kults der Einsamen gehört natürlich auch die Art der Lokale, in denen die Mysterien stattfanden.[2]) Das waren keine glänzenden Heiligtümer; es war nichts Bodenständiges in ihrem Wesen, sondern in *ἱεροὶ οἶκοι* und *Βακχεῖα* führten sie ihre heiligen Dramen auf, wie es auch die athenischen Iobakchen getan haben.[3]) Die Zerreißung

---

[1]) Die Identifikation rührt bekanntlich von C. O. Müller Orchomenos[2] S. 12 her und ist u. a. namentlich von Wilamowitz Hom. Unters. S. 224 und C. Robert Nekyia des Polygnot S. 84 gebilligt worden. Nach meiner Überzeugung hat die Minyas, die viel wahrscheinlicher als die *Ὀρφέως κατάβασις* die Hadesfahrt des Theseus und Peirithoos behandelt hat, mit Orphik überhaupt nichts zu schaffen, wie das unwiderleglich auch E. Rohde Psyche I[6] S. 302 A. 2 dargetan hat. Vgl. dazu auch Gruppe a. a. O. S. 1130.

[2]) Reformen der griechischen Religion, Hall. Kaisergeburtstagsrede 1918 S. 17.

[3]) Es wäre eine gewiß sehr lohnende Aufgabe, nicht nur alle inschrift-

des Orpheus ist das Abbild der Zerreißung des Dionysos Zagreus. Hier muß ein Zusammenhang bestehen, und es kann sich nur darum handeln, welche Sage das Vorbild der anderen war. Die Konsequenz der von mir vertretenen Anschauung kann aber nur die sein, daß die Legende von dem Tode des Orpheus die Passion des Gottes auf den *ἥρως ἀρχηγέτης* überträgt. Wie der Gott leidet, leidet auch auf Erden sein Prophet. Der Gott wird von den wilden Titanen zerrissen, als er als Kind kindliche Spiele spielt und sich in einem Spiegel beschaut; sein *interpres sacer* fällt in die Hände der Mainaden, als er ein Lied zu der Götter Preis singt. So findet auch dieser Zug des Orpheusmythos in der Religion seine Erklärung. Orpheus wird ein Opfer seiner göttlichen Mission. Am deutlichsten ist das in der Lykurgie des Aischylos ausgedrückt; da fällt er nicht mit der Leier in der Hand, sondern opfert dem Apollon-Helios auf dem Pangaion. Beim Opfer wird er überrascht und in Stücke zerrissen wie Dionysos. Vom *σπαραγμός* des Orpheus (Luk. *περὶ ὀρχήσ.* c. 51) wird ebenso gesprochen wie von den *σπαραγμοὶ οἱ Διονυσιακοὶ* (Proklos in Parmenid. T. V p. 33 Cous.).[1]) Proklos sagt in Rempubl. 398 (I p. 174 s. Kroll): *Ὀρφεὺς ἅτε τῶν Διονύσου τελετῶν ἡγεμὼν γενόμενος τὰ ὅμοια παθεῖν λέγεται τῶι σφετέρωι*

lich bezeugten *Βακχεῖα, ἱεροὶ οἶκοι* usw. zu sammeln, sondern auch die Reste der erhaltenen heiligen Häuser näher zu untersuchen, die z. B. in Eleusis, Aigina, im Temenos des Zeus Aphesios bei Megara, in Olympia, Samothrake, Pergamon und an vielen anderen Orten vorhanden sind. Vgl. Beiträge für griech. Philosophie u. Religion für Herm. Diels 1895 S. 114. Unbekannt war mir damals u. a. auch noch folgende wichtige Stelle aus Dion's *Ὀλυμπικὸς ἢ περὶ τῆς πρώτης τοῦ θεοῦ ἐννοίας* I 33 p. 163, 21 ss. v. Arnim: *σχεδὸν οὖν ὅμοιον ὥσπερ εἴ τις ἄνδρα Ἕλληνα ἢ βάρβαρον μυοίη* (v. Arnim; *μυεῖσθαι* libri) *παραδοὺς εἰς μυστικόν τινα οἶκον* (*μῦθον* UBM) *ὑπερφυῆ κάλλει καὶ μεγέθει, πολλὰ μὲν ὁρῶντα μυστικὰ θεάματα, πολλῶν δὲ ἀκούοντα τοιούτων φωνῶν, σκότους τε καὶ φωτὸς ἐναλλὰξ αὐτῶι φαινομένων, ἄλλων τε μυρίων γιγνομένων, ἔτι δὲ* [*εἰ* secl. v. Arnim) *καθάπερ εἰώθασιν ἐν τῶι καλουμένωι θρονισμῶι καθίσαντες τοὺς μυουμένους οἱ τελοῦντες κύκλωι περιχορεύειν.* Auch das *κλίσιον Λυκομιδῶν* in Phlya gehört hierher; s. Toepffer Attische Genealogie S. 209 A. 2 und vieles andere.

[1]) *διὸ καὶ οἱ θεολόγοι τὸν μὲν νοῦν ἐν τοῖς σπαραγμοῖς τοῖς Διονυσιακοῖς ἀμέριστον προνοίαι τῆς Ἀθηνᾶς σώιζεσθαι λέγουσι, τὴν δὲ ψυχὴν μερίζεσθαι πρώτως, καὶ ἡ εἰς ἑπτὰ γοῦν τομὴ ταύτης ἐστὶ πρώτης.* Lobeck Aglaopham. I p. 712.

θεῶι.[1]) Wie Apollon die Gliedmaßen des zerrissenen Dionysos am Parnassos bestattet, sammelt Kalliope mit den anderen Musen die Glieder des Orpheus und begräbt sie (Hygin. Astronomica 2, 7 p. 43, 11 Bunte.)[2])

Die orphische Sekte hat durch die Erfindung der Figur ihres ἥρως καὶ ἀρχηγέτης eine Gestalt geschaffen, die Dichtung und Kunst bald verklärt und zu einer unsterblichen gemacht haben. Vor Homer und Hesiod sollte der große Sänger gelebt haben; in ihren Stammbaum wird er verwoben. Das kann schon im 6. und 5. Jahrhundert geschehen sein. Aus dieser Zeit lernen wir die orphischen Dichter kennen, in dieser Zeit oder etwas früher entsteht die Orpheusfigur, auf deren viel höheres Alter nichts hinweist. So kann man heute wieder vergessene oder allzu eilfertig verworfene Worte Lobecks anführen (Aglaophamus I p. 316s.): *His igitur quatuor seculis, quae Homerum inter et bella Persica interfluxerunt, maxima rerum omnium quae ad deorum cultum pertinent, mutatio facta est; haec solemnium lustralium, mysteriorum, medicinae hieraticae et poesis fanaticae ortum et incrementa continent; his etiam Bacidis, Pamphi, Olenis et Sibyllarum carmina antiquissima consarcinata, omnesque piarum fraudum viae patefactae videntur. Unde facilis est conclusio, Orphicae quoque fabulae telam, quae tota iisdem quasi staminibus constat, non a Proselenis philosophis textam sed uno fortasse et altero post Homerum seculo coeptam et paullo ante Onomacritum absolutam esse.* Nicht höher hinauf kommt man auch mit der Sage von der Teilnahme des Orpheus an der Argofahrt, die zuerst in Pindars vierter pythischer Ode erscheint. Aber unangefochten war sie damals noch nicht; denn Pherekydes nannte statt seiner den Philammon als Sänger der Argonautenfahrt.[3]) Freilich steht er mit diesem Widerspruch allein, der dann auch nicht verhindert hat, daß Orpheus später allgemein als Sänger der Argonautenfahrt gilt, als welcher er uns in epischen Beschreibungen der Argonautenfahrt entgegentritt.

[1]) Dies stammt nicht aus 'Eratosthenes'; vgl. Robert Eratosthenis Catasterism. reliquiae p. 139.

[2]) Lobeck Aglaopham. I p. 238; Rohde Psyche II⁶ S. 118 A. 2.

[3]) Schol. Apollon. I 23 (F. H. G. I p. 87 fr. 63) Φερεκύδης ἐν τῆι ς' Φιλάμμωνά φησι καὶ οὐκ Ὀρφέα συμπεπλευκέναι.

Je weiter sich die literarische Betätigung der orphischen Gemeinden ausdehnt, desto mehr wächst auch die Orpheusgestalt. Wie man von einem Pythagorasroman mit Recht spricht, kann man auch von einem Orpheusroman reden und zeigen, wie die Orpheusfigur durch die wachsende Orphikerliteratur neue Züge erhält. Daß ihr die Erfindung der Lyra zugeschrieben wird, ist fast selbstverständlich. Unzweifelhaft sind viele der unter dem Namen des Orpheus gehenden Gedichte Epen gewesen. Wenn nun die Ansicht durchgedrungen war, wie aus Herodots berühmten Ausspruch II 53 ja deutlich hervorgeht, daß Orpheus vor Homer und Hesiod gelebt hat, so lag es nahe, ihn auch zum Erfinder des Hexameters zu machen, wie das nach einer Nachricht schon Kritias getan haben soll.[1]) Ein auch schon für das vierte Jahrhundert nachweisbarer Zug des Orpheusromans ist die Erfindung des Alphabets, die ihm Alkidamas Odysseus § 24 auf Grund des Epigramms

Μουσάων πρόπολον τῇδ' Ὀρφέα Θρῇικες ἔθηκαν,
ὃν κτάνεν ὑψιμέδων Ζεὺς ψολόεντι βέλει,
Οἰάγρου φίλον υἱόν, ὃς Ἡρακλῆ ἐξεδίδαξεν,
εὑρὼν ἀνθρώποις γράμματα καὶ σοφίην

zuschreibt. Es lag nahe, Orpheus, unter dessen Namen damals schon eine sehr umfangreiche Literatur herumlief, zum ersten homo litteratus zu machen, indem man ihm auch die Erfindung der Buchstabenschrift nachsagte. So sollte ja auch Kadmos die *φοινικήια γράμματα* nach Europa gebracht haben, und den selben Namen trug der erste Prosaschriftsteller, den schon die Alten für eine mythische Persönlichkeit gehalten haben. Der Charakter der orphischen Literatur war vor allem ein theologischer. Ihre Bedeutung lag auf dem religiösen Gebiete: Dionysos ist in ihrem System die Sonne, um die sich alles dreht. Wer an ihn glaubt, wer sich in seine Mysterien einweihen läßt, wird erlöst. So erscheint Orpheus geradezu als der Stifter der dionysischen Weihen, *ὅς ποτε καὶ τελετὰς μυστηρίδας εὕρετο Βάκχου* (Damagetos Anthol. Palat. VII 9, 5).[2]) Daß die Orphiker in Orpheus den

[1]) F. H. G. II p. 70 fr. 10; s. Gruppe a. a. O. S. 1113.

[2]) Andere Stellen bei Lobeck Aglaoph. I p. 238s. und Rohde Psyche I[6]

Stifter ihres Gottesdienstes sahen, versteht sich von selbst. Aber auch mit anderen Mysterien, die mit orphischen Vorstellungen und Weihen ursprünglich nichts gemein haben, wird Orpheus verbunden. So mag es zunächst durch seine Teilnahme an der Argofahrt veranlaßt sein, daß Orpheus als ein in die samothrakischen Mysterien Eingeweihter galt. Zuerst bei Diodor IV 43, 1 vgl. 48, 6 (Skytobrachion) erscheint die Tradition. Wenn man aber daraus geschlossen hat, daß das samothrakische Heiligtum durch die Orphiker beeinflußt worden sei, so hat da schon O. Gruppe mit Recht widersprochen,[1]) und wenn Orpheus als

S. 103 A. 1. Aus den durch Suidas überlieferten *Βακχικά* (*ταῦτα Νικίου τοῦ Ἐλεάτου φασὶν εἶναι*) besitzen wir kein Fragment, was ich gegen Rohde bemerken muß. Über das ihnen von Abel unter fr. 3 zugeteilte Bruchstück (Hippolytos Refut. omn. haeres. V 20 S. 121, 21ff. hrsg. v. Wendland) hat P. Tannery Revue de philologie XXIV 1900 p. 97ss. richtig geurteilt, dessen z. T. sehr wertvolle orphische Untersuchungen in Deutschland viel zu wenig beachtet worden sind.

[1]) S. Gruppe a. a. O. S. 1093. Wenn der XXXVIII. orphische Hymnos die Überschrift *Κουρήτων* trägt, kann man doch nicht zweifeln, daß die mit ihnen, den Korybanten und Dioskuren längst vermischten Großen Götter von Samothrake, die Kabiren, gemeint sind, womit freilich nicht gesagt ist, daß dieser Hymnos für Samothrake selbst gedichtet ist. S. Pauly-Kroll R. E. X S. 1444. Heiligtümer der samothrakischen Götter waren von der hellenistischen Zeit ab überall verbreitet. Nur die Kabiren kann man unter den

κόσμου σωτῆρες ἀγανοί

verstehen.

οἵτε Σαμοθράικην ἱερὴν χθόνα ναιετάοντες
κινδύνοις θνητῶν ἀπερύκετε ποντοπλανήτων,
ὑμεῖς καὶ τελετὴν πρῶτοι μερόπεσσιν ἔθεσθε,

und deutlich erscheinen ihre Gestalten V. 20f. in den

ἀνάκτορες εὐδύνατοί τε
ἐν Σαμοθράικηι ἄνακτες.

Daß hier nie der Name *Κάβιροι* erscheint, entspricht nur dem Wesen des samothrakischen Gottesdienstes, in dem sie durchgehends, abgesehen von den mystischen Namen Axiokersos, Axiokersa, Axieros, Kadmilos, 'die Großen Götter' hießen. Solch Hymnos einer orphischen Gemeinde kann den Anlaß dazu verstärkt haben, daß von der Einweihung des Orpheus in Samothrake erzählt wurde, zumal die Argo ja durch das wilde thrakische Meer fahren mußte, dessen dämonische Gewalten vor allem auf Samothrake verehrt wurden. In den Theogonieen und in anderen orphischen Dichtungen scheinen die Kabiren nirgends vorgekommen zu sein. Nur im Prooimion der Argonautika V. 27 werden *ἀγλαὰ δῶρα Καβείρων* erwähnt, bei denen es ganz unsicher ist, ob damit die Weihen von Samothrake gemeint sind, und die *Εὐχὴ πρὸς Μουσαῖον*

Stifter der Hekatemysterien auf der Insel Aigina genannt wird,[1]) so gaben dazu den Anlaß die unter seinem Namen gehenden Hymnen auf Hekate, von denen einer auch die erhaltene Hymnensammlung eröffnet. Dionysos und Hekate schließen im Kultus einen Bund miteinander,[2]) und Hekate führt Orpheus zu Zauberei und Spuk. Sie hat auch ihren *βουκόλος* wie Dionysos; denn es heißt[3])

λισσόμενος[4]) *Κούρην τελεταῖς ὁσίῃσι παρεῖναι*
βουκόλῳ εὐμενέουσαν ἀεὶ κεχαρηότι θυμῷ.

Mit Eleusis bringt keine Tradition den alten Sänger der Sage in Beziehung, obwohl in neuerer Zeit oft das Gegenteil behauptet ist und Lobecks Mahnung zur Vorsicht (Aglaoph. I p. 239) auch hier überhört worden ist. Schwerlich ist auch der Stammbaum alt, der Orpheus zum Vater des Leos macht, der aber dadurch seine Erklärung findet, daß die Orphiker in Attika eine große Propaganda entfaltet hatten.[5]) Die Alten haben besser als die Neueren empfunden, daß die eleusinische und die orphische Bewegung nebeneinander hergingen und sich gegenseitig kaum befruchtet haben, wenn das auch immer wieder vorgetragen wird, wie eben noch von Wilamowitz in seinem Platon I S. 248. Wo Orpheus als Stifter der Mysterien von attischen Dichtern wie von Aristophanes in den Fröschen V. 1032 und dem Verfasser des Rhesos V. 943 ff. bezeichnet wird, sind immer s e i n e Weihen gemeint, und es ist Willkür, da an die eleusinischen Mysterien zu denken. Die Eleusinier hatten ihren Eumolpos

---

nimmt V. 20f. auf den oben erwähnten Hymnos XXXVIII Bezug. Der XXXIX. Hymnos gilt dem Kabir von Thessalonike: Beiträge zur griech. Philosophie und Religion 1895 S. 104; Pauly-Kroll R. E. X S. 1416. Über die orphischen Einflüsse im Kabirion bei Theben vgl. Hermes XXV 1890 S. 7 ff. und Pauly-Kroll R. E. X S. 1440.

[1]) Pausan. II 30, 2 *καὶ τελετὴν ἄγουσιν ἀνὰ πᾶν ἔτος Ἑκάτης, Ὀρφέα σφίσι τὸν Θρᾷκα καταστήσασθαι τὴν τελετὴν λέγοντες.*

[2]) A. Dieterich De hymnis Orphicis p. 44 = Kleine Schriften S. 103.

[3]) Orph. Hymn. I V. 9 f.

[4]) *λισσομένοις* die Handschriften; die einleuchtende Verbesserung stammt von Wilhelm Kroll, dessen Handexemplar von Abels Orphica mir kürzlich zur Verfügung stand.

[5]) Eubule, die Tochter des Leos (O. Jessen bei Pauly-Wissowa R. E VI S. 861), darf man schwerlich mit dem eleusinischen Eubuleus in Beziehung setzen.

und brauchten sich den Orpheus nicht zu leihen. Dagegen wurden in Phlya Hymnen, die im Lykomidengeschlecht kursierten, für Hymnen des Orpheus gehalten.[1] Es ist auch nicht wunderbar, daß Orpheus als Stifter phrygischer Mysterien galt[2]) und als Bettelpriester gedacht wurde.[3]) Schließlich gehören zu dem Roman eines Dichters und Weisheitslehrers auch Studienreisen, und so war, jedenfalls seit Hekataios von Abdera, die Ansicht verbreitet, daß Orpheus nach Ägypten gereist und dorther seine dionysischen Mysterien und Jenseitslehre nach Hellas gebracht habe.[4]) Wie stark aber die orphische Literatur auch noch in spätester Zeit auf die Entwicklung der Orpheusfigur eingewirkt hat, beweist die Nachricht des Justinus Cohort. ad gentiles c. 14 (III S. 58 Otto), daß sich Orpheus in Ägypten wie mit Homer, Solon, Pythagoras, Platon und anderen auch mit den mosaischen Schriften vertraut gemacht haben sollte, wodurch offenbar die jüdischen Zusätze in der orphischen Literatur erklärt werden.

Die unter dem Namen des Orpheus gehenden *χρησμοί* schufen die Tradition von dem *μάντις*, für die kein Geringerer als Philochoros[5]) Zeuge ist. Es gab Orakelsprüche des Orpheus, die dem Onomakritos zugesprochen wurden (Suidas) und die nicht etwa den aus Herodot VII 6 bekannten *χρησμοί* des Musaios gleichzusetzen sind, deren Fälschung durch Onomakritos Lasos von Hermione erkannt hatte. Ein Bruchstück aus ihnen ist uns durch Philochoros erhalten (fr. 242 Abel und hier unten A. 5). Ein anderer Orakelspruch aus spätester Zeit, der noch sicherer Wiederherstellung harrt und bisher nirgends beachtet zu sein scheint, steht in Agathodaimons *Εἰς τὸν χρησμὸν Ὀρφέως συναγωγὴ καὶ ὑπόμνημα.*[6]) Die Überlieferung von dem Magier schufen die

[1]) Toepffer Attische Genealogie S. 209.

[2]) Justinus VII 14: *Mida — qui ab Orpheo sacrorum sollemnibus initiatus Phrygiam religionibus inplevit, quibus tutior omni vita quam armis fuit.*

[3]) Strabo VI p. 330 spricht vom *ἀγυρτεύειν* des Orpheus.

[4]) S. die Stellen bei Gruppe S. 1154. Dazu eine Hypothese über die Orphik in Ägypten bei Ulrich Wilcken Archeolog. Jahrbuch XXXII 1917 S. 195f.

[5]) F. H. G. I p. 415 fr. 191 aus Schol. Euripid. Alcestis V. 968 (II p. 239, 3ss. Schwartz). Dazu Clemens Alexandrin. Stromat. I 21 (II S. 83, 22f. Staeh.).

[6]) Überliefert im cod. Parisinus 2327 (A) und Laurentianus Nr. 38,

Zauberpapyri und Gedichte, wie die erhaltenen *Λιθικά*, die von dem Arzte die medizinischen Schriften, die unter seinem Namen umliefen,[1]) deren Existenz vielleicht schon Euripides in der Alkestis (s. S. 33) bezeugt. Die Gedichte über den Ackerbau[2]) machten ihn zum Erfinder des Ackerbaus (Themistios or. XXX 349 b p. 422 Dind.).

Orpheus galt auch als Gesetzgeber, was nicht wunderbar ist, da die Personifikationen von *Νόμος* und *Δίκη* eine große Rolle in der orphischen Dichtung spielen.[3]) Nicht mit Unrecht hat Rud. Hirzel[4]) Horazens *leges incidere ligno* epist. ad Pison. V. 399 auch auf Orpheus bezogen, der kurz vorher als *sacer interpres deorum* (s. oben S. 22) erwähnt war. Hiemit hängt sein Anteil an der Erfindung des Ackerbaus auf das engste zusammen; denn Ackerbau und ein nach ungeschriebenen oder geschriebenen Gesetzen geordnetes Dasein bedingen einander.

Auch die Schulbildung der an Orpheus sich anschließenden Theologen wird ein Gegenstand der Legende. Von Orpheus bis Pythagoras, der ja unzweifelhaft stark von den Orphikern beeinflußt ist, wird ein Zusammenhang konstatiert, indem eine orphische in Leibethra durch die Jahrhunderte fortwirkende Schule angenommen wird. Dies spricht sich deutlich in der Erzählung von Aglaophamos aus, dessen Namen Lobeck durch sein Meisterwerk wieder berühmt gemacht hat.[5]) Es ist nicht unmöglich, daß die Erzählung von dem orphischen Lehrer des

---

herausgegeben von Ruelle bei Berthelot Collection des anciens alchimistes grecques II 1888 p. 268 ff. (vgl. die Übersetzung in Bd. III p. 257).

[1]) Max Wellmann Ber. Berlin. Akad. 1911 S. 818 ff.; Jos. Heeg Festgabe für Martin Schanz 1912 S. 159 ff.

[2]) S. hierüber Josef Heegs vortreffliche Würzburger Dissertation Die angeblichen orphischen *Ἔργα καὶ Ἡμέραι* München 1907.

[3]) S. unten S. 49 f. und Rud. Hirzel *Ἄγραφος νόμος* (Abh. Sächs. Gesellsch. d. Wiss. XX 1903) S. 80.

[4]) Hirzel a. a. O. S. 82 A. 1, der die Stellen über die Auffassung des Orpheus als eines Gesetzgebers gesammelt hat.

[5]) Dies ist hie und da in Vergessenheit geraten. So sagt z. B. Max Hoffmann in seiner Ausgabe des Briefwechsels zwischen Böckh und Dissen Leipzig 1907 S. 209 A. 1: „Das Titelwort ist aus den Orphischen Hymnen entlehnt." *ἀγλαόφημοι* heißen allerdings die Kureten Hymn. XXXI V. 4 und die Musen LXXVI 2; sonst kommt das Wort in den Hymnen nicht vor.

Pythagoras, die, vermutlich aus Androkydes,[1] bei Iamblich[2] steht, auf die *Τριαγμοί* des Ion von Chios zurückgeht, der von Pythagoras berichtete, daß dieser einiges, was er gemacht habe, auf Orpheus zurückführte. Vielleicht hängt mit dieser durch die Legende gegebenen orphischen Tradition in Leibethra auch zusammen, was der Chor in der Alkestis des Euripides (V. 962 ff.) singt:

ἐγὼ καὶ διὰ μούσας
καὶ μετάρσιος ᾖξα καὶ
πλείστων ἁψάμενος λόγων
κρεῖσσον οὐδὲν Ἀνάγκας
ηὗρον, οὐδέ τι φάρμακον
Θρῄσσαις ἐν σανίσιν, τὰς
Ὀρφεία κατέγραψεν
γῆρυς, οὐδ' ὅσα Φοῖβος Ἀσκληπιάδαις ἔδωκε
φάρμακα πολυπόνοις ἀντιτεμὼν βροτοῖσιν.

Natürlich finden wir vor allem in den auf den Namen des Orpheus getauften Argonautika den Niederschlag der ausgebildeten Orpheuslegende und daneben gewiß auch eigene Erfindungen dieses Spätlings. Wenn wir die ausführliche Opferbeschreibung am Anfange der Fahrt lesen, wie Orpheus auf den Befehl des Iason *θοῶς ἱερήια καλά*[3]) darbringen muß und zu den Göttern und Göttinnen des Meeres und ihren Verwandten betet, erinnern wir uns des unter seinem Namen gehenden *θυηπολικόν*,[4]) das wie das Argonautengedicht an Musaios gerichtet ist, und vergessen nicht, daß die in dem Gebet erwähnten Gottheiten fast

---

[1]) Wilh. Bertelsmann De Iamblichi vitae Pythagoricae fontibus. Königsberg. Dissert. 1913 p. 28.

[2]) Iamblich vita Pythagorae c. 146 p. 107 Nauck; dazu Proklos Theol. Platon. I 6 p. 13 (Lob. Agl. I p. 294 not. g) *ἅπασα γὰρ ἡ παρ' Ἕλλησι θεολογία τῆς Ὀρφικῆς ἐστι μυσταγωγίας ἔκγονος πρῶτον μὲν Πυθαγόρου παρὰ Ἀγλαοφήμου τὰ περὶ θεῶν ὄργια διδαχθέντος, δευτέρου δὲ Πλάτωνος ὑποδεξαμένου τὴν παντελῆ περὶ τούτων ἐπιστήμην ἔκ τε τῶν Πυθαγορείων καὶ τῶν Ὀρφικῶν γραμμάτων.* Vgl. auch in Platon. Tim. 40 E (III p. 161 ff. Diehl).

[3]) Argonautika V. 309 und 333 ff. Statt des überlieferten *θοῶς* habe ich schon vor Jahren *θεοῖς* vermutet, was mir jetzt auch F. v. Hiller vorschlägt. Auch Schneider hat das schon coniiciert, wie ich aus G. Hermanns Apparat ersehe.

[4]) Vgl. Hermes LII 1917 S. 150.

alle mit einem Hymnos bedacht sind. Man sieht hier deutlich den Einfluß der orphischen Literatur.[1]) Der späte Argonautendichter des vierten nachchristlichen Jahrhunderts kennt natürlich die Hymnen. Die Tätigkeit des Orpheus bei der Argofahrt ist verschieden von der der anderen Helden, die kräftig rudern, während Tiphys steuert. Er soll die Ruderer durch seinen Gesang anfeuern, wie Iason gewünscht hat (V. 248 ff.):

αὐτὰρ ἔμοιγε
νεῦσεν ὀπιπεύων, ἵνα οἱ θάρσος τε βίην τε
μολπῆι ὑφ' ἡμετέρηι κεκμηόσιν αὖτις ὀρίνω.

Dieser Zug ist älter und schon oben S. 27 erwähnt worden. Ein anderer ist wieder durch die orphische Literatur veranlaßt: in dem Wettstreit mit Chiron (V. 411 ff.) auf dem Pelion singt Orpheus von der Entstehung der Welt ein so herrliches Lied, daß Bäume und Felsen, Wildgetier und Raubvögel herankommen, was Chiron der Alte noch nie erlebt hatte. Der Kentaur gibt ihm als ξεινήιον ein Pardelfell. Orpheus als von allen Argonauten allein Eingeweihter begegnet uns schon in der bei Diodor vorliegenden Fassung des Orpheusromans. Der Dichter der Argonautika dehnt es auf alle Helden aus und macht Orpheus zum Mystagogen (V. 467 ff.):

ἔνθα καὶ ὄργια φρικτὰ θεῶν, ἄῤῥητα βροτοῖσιν,
ἄσμενοι εἰσεπέρησαν ἐμαῖς ὑποθημοσύνησιν
ἥρωες· μετὰ γάρ σφιν ὀφέλσιμον ἀνθρώποισι
τῆς δὲ θυηπολίης † ἄμοτον πλωτῆρσιν ἑκάστοις.

Er gibt dem Orpheus also die Rolle des Thyotes.[2]) Als die Argonauten nach Lemnos kommen und durch die Frauen, die eben ihre Gatten getötet hatten, zum Liebesgenuß geführt werden, so daß sie die Aufgabe ihrer Fahrt vergessen, muß der Sang des Orpheus (ἀποτροπίοις ἐνοπαῖς θελξίφρονί δ' ὕμνῳ

[1]) Okeanos V. 333 = Hymn. 83; Tethys 335 = 22 (Θαλάσσης mit dem Anfange Ὠκεανοῦ καλέων νύμφην, γλαυκώπιδα Τηθύν); Nereus 336 = 23; Nereiden 337 = 24; Proteus 339 = 25; die Winde 340 = 80—82; Gestirne 341 = 7; Nyx 341 = 3; Poseidon 345 = 17. Dazu Helios 342 = 8; Dike 352 = 62; Erinnyen 352—69. Man vermißt nur V. 338 Γλαύκην τ' ἰχθυόεσσαν, ἀπείριτον Ἀμφιτρίτην.

[2]) Valerius Flaccus Argonaut. II V. 438.

ἡμετέροιι θελχθέντες V. 481 f.) sie zu ihrer Pflicht zurückbringen. Als der Tod des von Herakles versehentlich getöteten Kyzikos auf Befehl der Rhea gesühnt werden muß, tritt Orpheus wieder in den Vordergrund: er bringt das Totenopfer dar und singt die Hymnen dazu (V. 572 ff.). Bei Apollonios ist dies die Rolle des Mopsos, während Orpheus nur die Jünglinge beim Waffentanz mit seiner Leier begleitet (I V. 1134). Nach den Leichenspielen für Kyzikos, bei dem Orpheus' Gesang wieder hervorgetreten war, erhielt er zum Dank von Iason

ἐμβάδα χρυσείῃσι τιταινομένην πτερύγεσσι

(V. 593). Bei den goldenen Flügeln, die den Schuh des Orpheus schmücken, denkt man sofort an den Phanes der Theogonie: χρυσείαις πτερύγεσσι φορεύμενος ἔνθα καὶ ἔνθα (Abel fr. 65). Darauf versöhnt er die Rhea (V. 616 f.):

αὐτὰρ ἔμ' ἤνωγον κλῆισαι θεὸν ἠδὲ γερῆραι,
ὄφρα κεν ἀντομένοις νόστον μελιηδέ' ὀπάσσαι,

Diese Beziehung des Orpheus zu Rhea beruht auf älterer Vorstellung.[1]) Als Warner tritt er bei dem Abenteuer an den Κυάνεαι πέτραι V. 682 ff. auf und bezaubert die Felsen durch seinen Gesang. Vor allem aber groß ist seine Wirksamkeit nachher im Kolcherlande (V. 949 ff.). Wenn sich da Medeia zu ihm gesellt und wir ausführlich von dem Zauberopfer lesen, das er unter dem Beistand der größten Zauberin aller Zeiten darbringt, um das Tor des Haines zu öffnen, in dem das Vließ von dem Drachen bewacht wurde, erinnern wir uns sofort der Zauberpapyri, deren Beziehung zu den orphischen Dichtungen längst erwiesen ist. Ταρταρόπαις Ἑκάτη (V. 976) führt uns vor allem in diese mystische Zauberwelt hinein; wir denken an die Ταρτάρου κόρη oder Ταρταροῦχος der Zauberpapyri. Die τελεταὶ καὶ θύσθλα καθαρμῶν (V. 904) weisen zu den Sühn- und Reinigungsschriften der Orphiker.[2]) Auch bei der Einschläferung des Drachens ist Orpheus' Leier stark beteiligt V. 1001 ff.:

καὶ τότ' ἐγὼ φόρμιγγος ἐφήρμοσα θέσκελον ὀμφήν,
κλάγξας δ' ἐξ ὑπάτης χέλυος βαρυηχέα φωνήν

[1]) Vgl. Abel fr. 31. 47. 104. 105. 112. 194. 308.

[2]) Vgl. Lisa Hamburg bei Pauly-Kroll R. E. X S. 2516.

σιγαλέοις ἄφθεγκτον ἐμοῖς ὑπὸ χείλεσι πέμπον.
κλῆιξα γὰρ Ὕπνον ἄνακτα θεῶν πάντων τ' ἀνθρώπων,
ὄφρα μολὼν θέλξειε μένος βριαροῖο δράκοντος.
ῥίμφα δέ μοι ὑπάκουσε, Κυτηΐδα[1]) δ' ἵκτ' ἐπὶ γαῖαν.
κοιμήσας δ' ὅ γε φῦλα πανημερίων ἀνθρώπων
καὶ ζαμενεῖς ἀνέμων πνοιὰς καὶ κύματα πόντου
πηγάς τ' ἀενάων ὑδάτων ποταμῶν τε ῥέεθρα
θῆράς τ' οἰωνούς τε τά τε ζώει τε καὶ ἕρπει
εὐνάζων ἤμειψεν ὑπὸ χρυσέαις πτερύγεσσιν.
ἷξε δ' ἐπὶ στυφελῶν Κόλχων εὐανθέα χῶρον.

Also Orpheus ruft durch ein Lied den Schlafgott herbei. Wir kennen einen solchen unter dem Namen des Orpheus gehenden Hymnos. Mit Hymnen auf Hypnos, Oneiros und Thanatos schließt unser Hymnenbuch. Der an den Schlafgott gerichtete Hymnos (LXXXV Ὕπνου, θυμίαμα μετὰ μήκωνος) lautet:

Ὕπνε, ἄναξ μακάρων πάντων θνητῶν τ' ἀνθρώπων
καὶ πάντων ζώιων, ὁπόσα τρέφει εὐρεῖα χθών·
πάντων γὰρ κρατέεις μοῦνος, καὶ πᾶσι προσέρχῃ
σώματα δεσμεύων ἐν ἀχαλκεύτοισι πέδῃσι.
λυσιμέριμνε, κόπων ἡδεῖαν ἔχων ἀνάπαυσιν
καὶ πάσης λύπης ἱερὸν παραμύθιον ἔργον[2])
καὶ θανάτου μελέτην ἐπάγεις ψυχὰς διασώιζων.
αὐτοκασίγνητος γὰρ ἔφυς Λήθης Θανάτου τε.
ἀλλά, μάκαρ, λίτομαί σε κεκραμένον ἡδὺν ἱκάνειν
σώιζοντ' εὐμενέως μύστας θείοισιν[3]) ἐπ' ἔργοις.

Sehr merkwürdig ist bei der Schilderung der Rückfahrt der Argo die Warnung des Orpheus vor einer im Okeanos liegenden Insel der Demeter. Hier spielt der Dichter V. 1191 ausdrücklich auf ein an Musaios gerichtetes orphisches Gedicht an, wobei wir an die orphische Fassung eines Hymnos über den Raub der Persephone denken müssen. Die mit Fichten bestandene

[1]) G. Hermann; κυτηάδα die Hdschr.; Κυταιΐδα Abel.

[2]) So Laur. 32, 45, also die beste Überlieferung (s. Herm. XLIX 1914 S. 480); Laur. 70, 35 hat mit den schlechteren Handschriften das von Hermann und Abel aufgenommene ἕρδων.

[3]) θύοισιν Laur. 70, 35.

hafenlose Insel mit dem weiten Palast der Demeter, wohin noch kein Mensch gelangte, da sie unersteiglich ist, in dem aber μενοεικέα δῶρα wachsen, hat, soviel ich sehen kann, keine Parallele. Daß Orpheus den Sirenengesang übertönt (V. 1274 f.), kennt auch schon die ältere Legende. Das Gedicht schließt mit dem Opfer des Orpheus auf Kap Tainaron (V. 1370 ff.), während die anderen Helden nach Iolkos gefahren sind. Es gilt den 'hochgefeierten' Königen,

οἳ καὶ νερτερίων βερέθρων κλῃῖδας ἔχουσιν.

Von da geht er in sein schneeiges Heimatland Thrakien zurück in die Höhle, in der ihn einst Kalliope dem Oiagros geboren hat.

Worin der größte Unterschied der theogonischen Dichtung des Orpheus zu allen anderen theogonischen Gebilden besteht, ist wohl noch nie mit genügender Klarheit ausgesprochen worden. Die orphischen Theogonieen haben sich nicht wie die des Hesiodos von Askra darauf beschränkt, das Werden der Götter bis zur Entstehung der Welt zu erzählen. Hesiod hat seinen Gesang, der in der Tat einem großen Hymnos auf Zeus gleicht, nach Carl Roberts zwingendem Nachweise[1]) mit den Versen:

ὑμεῖς μὲν νῦν χαίρετ', Ὀλύμπια δώματ' ἔχοντες
νῆσοί τ' ἤπειροί τε καὶ ἁλμυρὸς ἔνδοθι πόντος

geschlossen, welche bedeuten: 'Heil euch ihr olympischen Götter, die ihr jetzt regiert, und Heil dir, du Welt, wie du jetzt bist!' In dem zweiten Verse stellt sich uns die Welt anschaulich dar, wie sie sich ein Griechenauge jener Zeit ausmalt. Der Menschen aber wird in diesem die hellenische Welt mit ihren Inseln, Festländern und dem salzigen Meere so trefflich schildernden Schlußworte mit keiner Silbe gedacht. Nirgends zeigt sich auch sonst eine Beziehung auf die Entstehung der Menschen. Wo sie erwähnt werden, erscheinen sie in mehr formelhaften Wendungen wie z. B. V. 120 von *Ἔρως ὃς κάλλιστος ἐν ἀθανάτοισι θεοῖσι* oder V. 231 vom *Ὅρκος, ὃς δὴ πλεῖστον ἐπιχθονίους ἀνθρώπους πημαίνει*. Aber die landläufige Bezeichnung einer Theogonie trifft auf diese orphischen Dichtungen überhaupt nicht zu. Es ist viel wahrscheinlicher, daß sie unter dem Namen *Ἱερὸς λόγος* oder *Ἱεροὶ λόγοι* (vgl. in der Liste bei Suidas: *Ἱεροὶ λόγοι ἐν ῥαψῳδίαις κδ'*) umliefen. Vor der Zeit der Neuplatoniker ist der Name *Θεογονία* für ein orphisches Gedicht überhaupt nicht

[1]) Mélanges Nicole 1906 S. 471.

nachweisbar. Die sogenannten orphischen Theogonieen boten offenbar viel mehr als die des epischen Dichters Hesiod. Sie wollen etwas ganz anderes, indem sie von vornherein für eine Sekte, für eine Gemeinde bestimmt sind. Sie sind ein wirkliches Religionsbuch; sie stellen ein Dogma dar, nach dem sich das Leben der Orphiker richten muß. Diese theogonischen Gedichte sind von den religiösen Bestrebungen der Sekte überhaupt nicht zu trennen. Es ist Propaganda, die durch sie betrieben wird, und die sich deutlich abhebt von sonstigem hellenischem Kult. Jedes Bodenständige fehlt den Orphikern, die werbend durch die griechischen Lande ziehen.[1]) Sie haben mit dem Werben für ihre Heilslehre bald Glück; bald werden sie vom Staate unterdrückt, so daß ihre Wirkung gering war. Aber die Spuren ihrer Wirksamkeit zeigen sich in jedem Jahrhundert. Lange Zeit freilich war die Theogonie, die in verschiedenen Brechungen existierte, ein verschüttetes Gut. Sie wird in unserer erhaltenen Literatur wohl hie und da benutzt und zitiert, wie vor allem Kallimachos und Euphorion die Zerreißung des Zagreus, eins ihrer Hauptstücke, behandelt haben; aber zu neuem Leben erweckt haben sie erst die Neuplatoniker. Das Motiv, das sie zu diesem Vorgehen trieb, ist sehr durchsichtig und einfach. Sie standen dem immer mehr an Bedeutung und Kraft gewinnenden Christentum gegenüber und fanden ein verheißungsvolles Gegengewicht in der alten unter Orpheus' Namen gehenden Dichtung. In ihr war die Lehre von der Erbsünde ausgesprochen; sie klang in den Ruf nach Heiligung des inneren Menschen aus und erfüllte so denselben Zweck wie die Lehren der biblischen Geschichten. In den eingelegten Hymnen auf Zeus und Dionysos klang manches christlich oder wurde hineininterpoliert; und das Leiden des Dionysos Zagreus erinnerte an Christi Passion. Keine philosophische Lehre des Altertums schien den christlichen Lehren so zu entsprechen wie die orphische Theogonie. Hinzu kommt die

---

[1]) Vgl. Reformen der griechischen Religion S. 17 f. Eine Polemik zwischen dem Pfarrer Dr. Doergens in Traar-Krefeld, der sich in 'Theologie und Glaube. Zeitschrift für den katholischen Klerus' XI. Jahrg. S. 319 ff. soeben gegen meine Ausführungen gewandt hat, und mir kann wohl nie zu einer Verständigung führen.

Tatsache, daß Platon, der Heros der Neuplatoniker, für die orphische Lehre starkes Interesse gezeigt hat. In seiner Heimat sowohl wie drüben in Unteritalien waren sie ihm nahegetreten. Die Neuplatoniker glaubten es also auch ihrem großen Ahnherrn schuldig zu sein, daß sie die Gedichte der Orphiker aus dem Dunkel, in das sie geraten waren, herausholten und interpretierten. Aber die Neuplatoniker traten auch nicht sofort mit ihrem Funde auf den Plan. Erst die späteren, von Syrianos an (s. oben S. 1 A. 1) wuchern so recht mit dem entdeckten Pfunde und werden nicht müde, die Orphika an allen Ecken und Enden zu zitieren. Doch steht es auch völlig fest, daß Plotinos und Porphyrios die orphische Theogonie kennen.

Freilich findet sich bei Plotin nirgends ein wörtliches Zitat. Er ist ein viel zu selbständiger Kopf, als daß er aus den alten Theologen so stark Kapital schlagen möchte wie z. B. Proklos. Doch gibt es zwei Stellen, die unzweifelhaft auf die Theogonie Bezug nehmen. Die eine hat schon Lobeck entdeckt und auf den in den Spiegel schauenden Dionysos bezogen;[1]) die andere scheint noch nicht beachtet zu sein, bezieht sich aber ohne Frage auf die Verbindung der Dike mit Zeus.[2]) Sehr zweifelhaft

---

[1]) Plotinos Ennead. IV 3, 12 (II p. 24 Volkm.) *Ἀνθρώπων δὲ ψυχαὶ εἴδωλα αὐτῶν ἰδοῦσαι οἷον Διονύσου ἐν κατόπτρῳ ἐκεῖ ἐγένοντο ἄνωθεν ὁρμηθεῖσαι, οὐκ ἀποτμηθεῖσαι οὐδ' αὗται τῆς ἑαυτῶν ἀρχῆς τε καὶ νοῦ.* Lobeck Aglaopham. I p. 555; vgl. Rohde Psyche II⁶ S. 415.

[2]) Plotin. Ennead. V 8, 4 (II p. 235 Volkm.) *ἡ αὐτοεπιστήμη ἐνταῦθα πάρεδρος τῶι νῶι τῶι συμπροφαίνεσθαι, οἷον λέγουσι κατὰ μίμησιν καὶ τῶι Διὶ τὴν Δίκην.* Proklos Theol. Plat. V I8 p. 363 (Lobeck I p. 396; Abel fr. 125; vgl. Schuster a. a. O. p. 27; Gruppe Die rhapsodische Theogonie, Fleckeisens Jahrb. Suppl. XVII 1890 S. 704 ff.; Susemihl De theogon. Orphicae forma antiquissima Index Gryphiswald. 1891 p. XIV; Holwerda Mnemosyne N. S. XXII 1894 p. 326): *Ὁ δὲ Ὀρφεὺς καὶ διαῤῥήδην εἰς τὸν ὅλον ἀναπέμπει* (sc. *τὴν Δίκην*) *δημιουργόν. ἤδη γὰρ αὐτῶι βασιλεύοντι καὶ διακοσμεῖν ἀρχομένωι τὸ πᾶν ἕπεσθαί φησιν τὴν ὅλην Δίκην·*

τῶι δὲ Δίκη πολύποινος ἐφείπετο πᾶσιν ἀρωγός.

In Platon. Rempubl. II 144, 29 Kroll führt Proklos denselben Vers (nur *ἐφέσπετο* statt *ἐφείπετο*) mit den Worten ein: *τῶι Διὶ τοῖς Τιτᾶσιν τὰς ἐγκοσμίους διανέμειν παρασκευαζομένωι λήξεις ἕπεσθαὶ τὴν Δίκην ὁ Ὀρφεύς φησιν.* Darauf Anspielung bei Parmenides V. 14, wie Diels zuerst gesehen hat. Vgl. auch Proklos in Alcibiad. III p. 70 Cousin (Lobeck I p. 396; Abel fr. 126) *πάλιν, ἐπειδήπερ ἡ πρὸ τοῦ κόσμου Δίκη συνάπτεται τῶι Διί (πάρεδρος γὰρ ὁ Νόμος*

ist mir, ob man Dinge wie die *θεία φήμη Ἀδράστεια* (Ennead. III 2, 13 I p. 241 Volkm.) oder die Identität von Hera und Aphrodite (Ennead. III 5, 8 (I p. 278 Volkm.) den Orphikern zuschreiben darf. Daß Plotin aber die alten Theologen kennt, beweist er an mehr als einer Stelle; ihm fehlt nur jedwedes Prunken mit antiquarischer Gelehrsamkeit, das die späteren Neuplatoniker charakterisiert. Während Iamblichos keine Orphika selbst gelesen zu haben scheint, steht es aber für den vielbelesenen Porphyrios völlig fest. An zwei Stellen der Schrift *De antro Nympharum*[1]) nimmt er auf die Theogonie Bezug, und das Nachtgespenst *Βαβώ* (*ἔνεστι γάρ που τοῖς Ὀρφικοῖς ἔπεσι Βαβώ τις ὀνομαζομένη νυκτερινή, ἐπιμήκης τὸ σχῆμα καὶ σκιώδης τὴν ὕπαρξιν*) war in seinen *ἀγυρτικαὶ βίβλοι* erwähnt.[2]) Vor allem hat Eusebios seine Kenntnis der *Διαθῆκαι* aus Porphyrios.[3]) Sehr wertvolle Stücke bietet Olympiodoros (s. unten S. 43 ff.); bei weitem die meisten aber Proklos und Damaskios.

Den Kampf um das Alter der sogenannten rhapsodischen Theogonie will ich heute nicht erneuern. Dazu ist die Zeit auch noch nicht gekommen. Denn ihm muß die Erfüllung eines Desiderats vorausgehen, das U. v. Wilamowitz-Moellendorff schon 1880[4]) in den Worten ausgesprochen hat: 'hier ist der Wissenschaft eine gewaltige, vielleicht ein volles Menschenleben erfordernde, Aufgabe gestellt: sie ist es dem unvergänglichen Meisterwerke Lobecks schuldig, nachdem er den Schutt weggeräumt und die Spinnweben abgefegt, nun auf dem Boden, den er bereitet, das Gebäude zu errichten; meist auch mit Werkstücken, die er zurecht gelegt.' Wenn man mich gefragt hat,

---

τοῦ Διός, ὥς φησιν ὁ Ὀρφεύς). Zweifelnd bezieht die Plotinstelle auf Sophokles Oid. Kolon. V. 1381 f. H. F. Müller Herm. LII 1917 S. 151, während ich vielmehr glauben möchte, daß Sophokles auf Orpheus anspielt.

[1]) c. 14 p. 66, 13 ss. Nauck² und c. 16 p. 67, 21 (Abel fr. 211. 114).

[2]) Herm. LIV 1919 S. 218. Lobeck und Abel haben den Namen des Porphyrios übersehen.

[3]) Praep. evang. III 7 p. 97 D (I p. 118, 16 ff. Dind.). Vgl. A. Elter's leider so schwer erhältliche Bonner Programme De Gnomologiorum Graecor. historia atque origine V—VIII (1894—1896).

[4]) Aus Kydathen S. 131.

warum ich in den von mir in jugendlichem Ungestüm vor dreiunddreißig Jahren unternommenen Kampf nie wieder eingegriffen habe, konnte ich nur die Antwort geben, daß das Fundament noch immer fehlt, auf dem eine fruchtbare Erörterung über das Alter der Theogonieen stattfinden kann, d. h. eine vollständige und kritische Sammlung der orphischen Fragmente. Ehe diese, die ich seit Jahren vorbereite und hoffentlich bald zu Ende führen kann, nicht vorliegt, ist Zurückhaltung geboten. Denn Abels Machwerk hat da unendlichen Schaden angerichtet, die Benützung von Lobecks Aglaophamus verdrängt, und damit viel gesundes Urteil verschüttet, das sich in diesem findet. Ein Hauptfehler von Abel war es, oft freilich im Anschluß an Lobeck, die einzelnen Bruchstücke unter die vielen überlieferten Titel orphischer Schriften zu verteilen. Das verbaut den Weg, und ist in den allermeisten Fällen nur eine Willkürlichkeit. Die weitere Forschung wird sicher ergeben, daß die Neuplatoniker in der Hauptsache ein großes orphisches Gedicht benutzt haben, in dem die wichtigsten Lehren über Götter und Menschen wahrscheinlich in 24 Rhapsodieen niedergelegt waren. Das sind die *Ἱεροὶ λόγοι* gewesen, aus denen sie dann in ermüdender Weise immer wieder die selben Stellen, die ihnen besonders beweiskräftig erschienen, zitieren und in ihrem Sinne interpretieren. Es ist offenbar ein buntes Gedicht gewesen, das in sich Altes und Neues vereint, ein Werk, an dem Jahrhunderte fortgearbeitet haben, das in seinem Kern aber unzweifelhaft auf das sechste oder gar siebente vorchristliche Jahrhundert zurückgeht, und das in seinen Hauptpartieen von Xenophanes und Empodokles, von Aischylos und Aristophanes, von Platon und Aristoteles, von Kallimachos und Euphorion gekannt ist. Man gibt jetzt vielfach die Übereinstimmungen zwischen diesen Schriftstellern und den Bruchstücken der sogen. rhapsodischen Theogonie zwar zu, hält dann aber das Verhältnis für umgekehrt, als ich es ansah und heute noch ansehe. Man bedenke dabei nur, wieviel unwahrscheinlicher es an und für sich ist, daß die Orphiker in späteren Zeiten alles zusammengesucht haben sollen, als daß auf ihre Dichtungen von den Schriftstellern der verschiedenen Zeitalter angespielt wird. Wer jetzt die Rechnung noch einmal unbefangen aufmacht, wird vielleicht staunen, wie viel die orphische Theogonie gelesen ist.

Heute möge es mir erlaubt sein, das herauszuheben, was die theogonische Dichtung von der Hesiods unterscheidet, und zu zeigen, worin ihre Tendenz lag. Denn es ist eben Tendenzpoesie; das alte Gefäß der hesiodischen Theogonie erhielt neuen Wein, der die orphische Gemeinde zum rechten orphischen Lebenswandel anfeuern sollte. Die Orphiker taten das nicht nur durch *τελεταί* und *καθαρμοί* und heilige Dramen, die sie in den heiligen Häusern aufführten, sondern sie schufen eine Bibel, in denen heilige Geschichten zur Erbauung und zur Belehrung erzählt waren. Manchen alten Bestand nahmen sie aus der Theogonie des Askraiers, der für Jahrhunderte die Form solcher Dichtung geschaffen und vorgeschrieben hatte, herüber und zwängten in das alte theogonische Gebilde ihre neuen Geschichten und Lehren ein. Das Neue war vor allem die Einbeziehung des Menschengeschlechts. Nicht mit dem Werden der Welt, der Inseln, Festländer, Meere endete die orphische Theogonie, sondern mit dem Werden des Menschengeschlechts, wie es jetzt auf Erden lebt. Woher der Mensch stammt, soll der Gläubige aus diesem Buche erfahren. Er muß es erfahren, weil er zu seinem Leben in Gott, das ihm die Orphiker vorschreiben, wissen muß, daß in ihm ein sündhafter Teil ist, der durch ein frommes Erdenleben überwunden werden soll. So klingt die Theogonie in eine Anthropogonie aus.

Denn aus der Asche der Titanen entsteht das Menschengeschlecht. Hiefür haben wir außer dem Zeugnis des XXXVII. orphischen Hymnos an die Titanen, in dem sie V. 1 *ἡμετέρων πρόγονοι πατέρων* genannt werden,[1]) eine wertvolle Nachricht bei Olympiodoros in Platon. Phaedonem p. 21, 21 ff. Norvin:[2]) *παρὰ τῷ Ὀρφεῖ τέσσαρες βασιλεῖαι παραδίδονται· πρώτη μὲν ἡ τοῦ Οὐρανοῦ, ἣν ὁ Κρόνος διεδέξατο ἐκτεμὼν τὰ αἰδοῖα τοῦ*

[1]) Vgl. Hermes LI 1916 S. 554 ff.

[2]) Abel fr. 185 an falscher Stelle und mit der irreführenden Herkunftsangabe 'Olympiodorus in Plat. Phaedr.' In dem Index ist zudem aus Olympiodorus ein Nympiodorus geworden, und aus dem Kommentar zum Phaidon durchgängig ein solcher zum Phaidros, der nun öfters vergeblich gesucht wird.

πατρός· μετὰ δὲ τὸν Κρόνον ὁ Ζεὺς ἐβασίλευσε καταταρταρώσας τὸν πατέρα· εἶτα τὸν Δία διεδέξατο ὁ Διόνυσος, ὅν φασι κατ' ἐπιβουλὴν τῆς Ἥρας τοὺς περὶ αὐτὸν Τιτᾶνας σπαράττειν καὶ τῶν σαρκῶν αὐτοῦ ἀπογεύεσθαι. καὶ τούτους ὀργισθεὶς ὁ Ζεὺς ἐκεραύνωσε, καὶ ἐκ αἰθάλης τῶν ἀτμῶν τῶν ἀναδοθέντων ἐξ αὐτῶν ὕλης γενομένης γενέσθαι τοὺς ἀνθρώπους. οὐ δεῖ οὖν ἐξάγειν ἡμᾶς ἑαυτούς, οὐχ ὅτι, ὡς δοκεῖ λέγειν ἡ λέξις, διότι ἔν τινι δεσμῶι ἐσμεν τῶι σώματι, τοῦτο γὰρ δῆλόν ἐστι, καὶ οὐκ ἂν τοῦτο ἀπόρρητον ἔλεγεν, ἀλλ' ὅτι οὐ δεῖ ἐξάγειν ἡμᾶς ἑαυτοὺς ὡς τοῦ σώματος ἡμῶν Διονυσιακοῦ ὄντος· μέρος γὰρ αὐτοῦ ἐσμεν, εἴ γε ἐκ τῆς αἰθάλης τῶν Τιτάνων συγκείμεθα γευσαμένων τῶν σαρκῶν τούτου. Hier ist nicht nur die Herkunft der Menschen aus der Asche der verbrannten Titanen bezeugt, sondern auch im Zusammenhang damit die bekannte orphisch-pythagoreische Vorstellung von dem Körper als dem Grabe der Seele und der Glaube an den dionysischen Teil in uns. Es kann keine Frage sein, daß auf diese orphischen Anschauungen auch Proklos in Platon. Cratylum S. 77, 24 ff. Pasquali anspielt: *ὅτι ἐν ἡμῖν νοῦς Διονυσιακός ἐστιν καὶ ἄγαλμα ὄντως τοῦ Διονύσου. ὅστις οὖν εἰς αὐτὸν πλημμελῆι καὶ τὴν ἀμερῆ αὐτοῦ φύσιν διασπᾶι Τιτανικῶν διὰ τοῦ πολυσχιδοῦς ψεύδους, οὗτος δηλονότι εἰς αὐτὸν τὸν Διόνυσον ἁμαρτάνει, καὶ μᾶλλον τῶν εἰς τὰ ἐκτὸς τοῦ θεοῦ ἀγάλματα πλημμελούντων, ὅσον ὁ νοῦς μᾶλλον τῶν ἄλλων συγγενής ἐστι τῶι θεῶι.* Auf die selbe Partie der orphischen *Ἱεροὶ λόγοι*, wie ich lieber als Theogonie sage, gehen auch desselben Proklos' Worte in Platonis Rempublicam I p. 85 Kroll: *δηλοῖ δὲ ἐν Φαίδωνι* (p. 62 B. 69 C. 108 A.) *τό τε ἐν ἀπορρήτοις λεγόμενον, ὡς ἔν τινι φρουρᾶι ἐσμεν οἱ ἄνθρωποι, σιγῆι τῆι πρεπούσηι σέβων, καὶ τὰς τελετὰς μαρτυρόμενος τῶν διαφόρων λήξεων τῆς ψυχῆς κεκαθαρμένης τε καὶ ἀκαθάρτου εἰς Ἅιδου ἀπιούσης, καὶ τάς τε σχίσεις*[1]) *αὖ καὶ τὰς τριόδους ἀπὸ τῶν ὁσίων καὶ τῶν πατρίων θεσμῶν τεκμαιρόμενος, ἃ δὴ τῆς συμβολικῆς ἅπαντα θεωρίας ἐστὶ μεστά, καὶ τῶν παρὰ τοῖς ποιηταῖς θρυλουμένων ἀνόδων τε καὶ καθόδων, τῶν τε Διονυσιακῶν συνθημάτων καὶ τῶν Τιτανικῶν ἁμαρτημάτων λεγομένων, καὶ*

[1]) S. Lobeck Aglaopham. II p. 1343.

τῶν ἐν Ἅιδου τριόδων καὶ τῆς πλάνης καὶ τῶν τοιούτων ἁπάντων. Vgl. Plato Kratylos S. 400 C; unrichtig Gruppe Die rhapsod. Theogonie Fleckeisens Jahrb. Suppl. XVI, S. 717 f. Olympiodoros und Proklos bezeugen den Zusammenhang der Entstehung des Menschengeschlechts aus der Asche der Titanen mit der Anschauung, daß sich die Seele im Gefängnis des Körpers befindet, und damit die Tendenz dieses Teils des theogonischen Gedichts. Es gilt den dionysischen Teil in uns zu retten, die Erbsünde, die von den Titanen in uns ist, zu vertreiben durch ein Leben in Gott. Das Titanische muß durch das Dionysische überwunden werden. Unsere Seele ist in einem Gefängnis: dies ist das Erbteil der Titanen. Aus ihm können wir uns nur befreien durch eine fromme Lebensführung im Sinne des Dionysos, mit dessen Preise wahrscheinlich die *Ἱεροὶ λόγοι* geschlossen haben. Wenn in der Kratylosstelle von *ὡς δίκην διδούσης τῆς ψυχῆς, ὧν δὴ ἕνεκα δίδωσι* die Rede ist, so ist damit die Sünde gemeint, die der Mensch durch seine Abkunft von den Titanen erhalten und vermehrt hat. Die Sühne dieser ewigen, im Leben weiter vermehrten Schuld kann nur durch den *Ὀρφικὸς βίος*, der in Dionysos gelebt wird, vollzogen werden, nur durch den wahren Dionysosdienst, nicht den der Menge, die nur den Thyrsos schwingt und den Gott des frohen Lebensgenusses feiert. In diese Partie gehört dann wohl auch das berühmte Wort

πολλοὶ μὲν ναρθηκοφόροι, παῦροι δέ τε βάκχοι.[1])

---

[1]) Es wird außer von Platon im Phaidon p. 69 C nur von Olympiodoros zweimal zitiert in Phaedonem p. 58 Norvin und p. 48, 20, wo es noch in dem richtigen Zusammenhang erscheint: *διὸ καὶ παρῳδεῖ ἔπος Ὀρφικὸν τὸ λέγον, ὅτι· ὅστις δ' ἡμῶν ἀτέλεστος, ὥσπερ ἐν βορβόρωι κείσεται ἐν Ἅιδου· τελετὴ γάρ ἐστιν ἡ τῶν ἀρετῶν βακχεία· καί φασιν·*

πολλοὶ μὲν ναρθηκοφόροι, παῦροι δέ τε βάκχοι,

ναρθηκοφόρους, οὐ μὲν βάκχους, τοὺς πολιτικοὺς καλῶν, ναρθηκοφόρους δὲ καὶ βάκχους τοὺς καθαρτικούς· καὶ γὰρ ἐνδούμεθα μὲν τῆι ὕληι ὡς Τιτᾶνες διὰ τὸν πολὺν μερισμόν· πολὺ γὰρ τὸ ἐμὸν καὶ τὸ σόν· ἀνεγειρόμεθα δὲ ὡς βάκχοι· διὸ καὶ περὶ τὸν θάνατον μαντικώτεροι γινόμεθα, καὶ ἔφορος δὲ τοῦ θανάτου ὁ Διόνυσος, διότι καὶ πάσης βακχείας· καὶ εὖ γε τοῦ λόγου, διότι καὶ ἀπὸ θεοῦ ἤρξατο, ἡνίκα ἔλεγεν· ὁ μὲν ἐν ἀποῤῥήτοις περὶ αὐτῶν λεγόμενος λόγος, ὡς ἔν τινι φρουρᾶι ἐσμεν· καὶ εἰς θεὸν κατέληξεν, ἐξ οὗ καὶ ἤρξατο, λέγω δὲ τὸν Διόνυσον. Vgl. dazu auch p. 122, 13, wo die Titanen als *ναρθηκοφοροῦντες* bezeichnet werden: *ὅτι ὁ νάρθηξ σύμβολός ἐστι τῆς ἐνύλου*

Dionysos wird als der Erlöser aufgefaßt und zwar eben als der Erlöser von uralter Schuld. So gelten ihm als *Λυσεύς* einige Verse, die wieder Olympiodoros p. 87, 13 Norvin (Abel fr. 208)[1] überliefert, weil ihm diese Partie des *Ἱερὸς λόγος* des Orpheus für die Erklärung des Phaidon besonders wichtig erschien:

ἄνθρωποι δὲ τεληέσσας ἑκατόμβας
πέμψουσι πάσῃσι ἐν ὥραις ἀμφιέτῃσιν
ὄργια τ' ἐκτελέσουσι λύσιν προγόνων ἀθεμίστων
μαιόμενοι· σὺ δὲ τοῖσιν ἔχων κράτος, οὕς κ' ἐθέλῃσθα,
λύσεις ἔκ τε πόνων χαλεπῶν καὶ ἀπείρονος οἴστρου.

Nicht auf die Wiedergeburten[2]) ist dies zu beziehen, sondern vielmehr auf die alte Sünde und die alte Schuld, die jedes Individuum belastet, weil sie von den *πρόγονοι ἀθέμιστοι* übernommen sind, von den Titanen, die auch in dem orphischen Hymnos XXXVII V. 1 *ἡμετέρων πατέρων πρόγονοι* genannt werden. Von Dionysos' Gnade hängt die Erlösung ab; das liegt unzweifelhaft in dem *οὕς κ' ἐθέλῃσθα.*

Gerettet ist das edle Glied
Der Geisterwelt vom Bösen.
Wer immer strebend sich bemüht,
Den können wir erlösen.

In diese Partie gehören dann auch die den Sündern angedrohten Höllenstrafen, die in neuerer Zeit so oft behandelt sind, am besten von A. Dieterich in seiner Nekyia. Es ist mir eine Freude mit einem so ausgezeichneten Kenner der Orphiker wie

---

δημιουργίας καὶ μεριστῆς ὡς ψευδωνύμου εἶδος· ξύλον γὰρ καὶ οὐ ξύλον· κάλλιον δὲ διὰ τὴν ὅτι μάλιστα διεσπασμένην συνέχειαν, ὅθεν καὶ Τιτανικὸν τὸ φυτόν· καὶ γὰρ τῶι Διονύσωι προτείνουσιν αὐτὸν ἀντὶ τοῦ πατρικοῦ σκήπτρου, καὶ ταύτῃι προκαλοῦνται αὐτὸν εἰς τὸν μερισμόν· καὶ μέντοι καὶ ναρθηκοφοροῦσιν οἱ Τιτᾶνες — — — — — διὰ δὴ τοῦτο καὶ ὁ Σωκράτης τοὺς πολλοὺς καλεῖ ναρθηκοφόρους Ὀρφικῶς ὡς ζῶντας Τιτανικῶς. P. Tannery setzt den Vers mit vollem Recht in die sogenannten Rhapsodieen, Revue de philologie XXV 1901 p. 316.

[1]) Vgl. P. Tannery Revue de philologie XXIII 1899 p. 126 ss. Sehr richtig sagt er p. 128: *'L'orphisme, en effet, admettait un pêché original, et c'est sur ce point que porte l'analogie avec les croyances judéochretiennes.'*

[2]) So Rohde Psyche II[6] S. 128 Nr. 5; Anrich, Das antike Mysterienwesen in seinem Einfluß auf das Christentum 1894 S. 119 Nr. 3.

Paul Tannery [1]) darin übereinzustimmen, daß die diese Dinge behandelnden Verse, auf die schon Platon anspielt, aus den sogenannten Rhapsodieen stammen oder, wie ich auch im Einverständnis mit ihm viel lieber sage, aus den *Ἱεροὶ λόγοι*. Nur glaubt er nicht, daß schon in den zu Platons Zeit verbreiteten *Τελεταί* die Verbindung der Erbsünde und der Unterweltsvorstellungen vorhanden war. Von den *Τελεταί* können wir uns heute keine genaue Vorstellung mehr machen. Ich weiß aber nicht, warum die Höllenbilder nicht auch schon in einer alten orphischen Dichtung vorgekommen sein können. Die *Ἱεροὶ λόγοι* sind eben ein großes Sammelbuch orphischer Vorstellungen gewesen, wobei man freilich die von Abel fr. 141—151 unter dem Titel *Ἱερὸς λόγος* gesammelten Bruchstücke völlig fernhalten muß.[2])

Von Menschen war also im Gegensatz zu Hesiod in der theogonischen Dichtung der Orphiker ausführlich die Rede. Ihre Moral sollte gehoben, ihr Glauben an die göttliche Gnade gestärkt, die Kleinmütigen sollten gefestigt werden. Eine direkte Anklage gegen die törichten Menschen enthalten die nur bei Malalas und Kedrenos (den Abel fr. 49 völlig ignoriert) erhaltenen, von Bentley [3]) wiederhergestellten Verse:

> *Θῆρές τ' οἰωνοί τε βροτῶν τ' ἀλιτήρια* [4]) *φῦλα,*
> *ἄχθεα γῆς, εἴδωλα τετυγμένα, μηδαμὰ μηδὲν*
> *εἰδότες οὔτε κακοῖο προσερχομένοιο νοῆσαι*
> *φράδμονες οὔτ' ἄποθεν μάλ' ἀποστρέψαι κακότητος*
> *οὔτ' ἀγαθοῦ παρεόντος ἐπιστρέψαι τε καὶ ἔρξαι*
> *ἴδριες, ἀλλὰ μάτην ἀδαήμονες, ἀπρονόητοι.*

Die Menschen verstehen weder das Gute zu tun und zu ergreifen noch das Böse abzuwenden. Sie brauchen die Führung, und die kann im Sinn der Orphiker nur Dionysos *Λυσεύς* bringen. Natürlich werden wie den Göttern so auch ihnen die Wohnsitze von Zeus (so Holwerda a. a. O. p. 309) oder Phanes bestimmt, aber

---

[1]) Revue de philologie XXV 1901 p. 314 f.

[2]) S. auch da Tannery Revue de philologie XXI 1896 p. 193.

[3]) Epistula ad Millium in den opuscul. philolog. Lips. 1781 p. 456 s.

[4]) *ταλεῖτε οἷα* Malal.: *δ' ἀλιτώσια* Kedrenos; *τ' ἀλιτήρια* Bentley; *τ' ἀετώσια* Nauck ad Iamblichi Vitam Pythagoream p. 31, 5; *τε Ϝετώσια* Herwerden Hermes V 1871 S. 142. Das andere übergehe ich hier und folge Bentley.

χωρὶς ἀπ' ἀθανάτων ναίειν ἕδος, ᾗι μέσος ἄξων
ἠελίου τρέπεται ποτινεύμενος, οὔτε τι λίην
ψυχρὸς ὑπὲρ κεφαλῆς οὔτ' ἔμπυρος, ἀλλὰ μεσηγύς.[1])

Auch auf dem Monde wohnen Menschen; denn zweimal werden von Proklos (Abel fr. 81) die Orpheusverse zitiert:

μήσατο δ' ἄλλην γαῖαν ἀπείριτον, ἥν τε σελήνην
ἀθάνατοι κληΐζουσιν, ἐπιχθόνιοι δέ τε μήνην·
ἣ πολλ' οὔρε' ἔχει, πόλλ' ἄστεα, πολλὰ μέλεθρα.

Denn *ἄστεα* sind ohne Menschen nicht zu denken. Phanes Erikepaios, der als erster *δημιουργός* gilt, hat die Menschen an ihre Plätze gewiesen und den Mond 'erdacht'; er gilt jedenfalls als erster Weltenkönig; so wird er oft von den Neuplatonikern bezeichnet. Damit kommen wir zu einer noch wenig oder vielleicht nie beachteten Schwierigkeit. Zur Zeit des Phanes — Erikepaios, Protogonos, Eros, Metis oder wie immer dieser Gott genannt sein mag — gab es auch schon Menschen, also bereits vor den Titanen. Kronos herrscht ja bei den Orphikern auch nicht im goldenen Weltalter wie bei Hesiod, sondern erst im silbernen.[2]) Was waren das für Menschen, die in dem goldenen Zeitalter des Phanes lebten, wie waren sie entstanden? Hier setzen die Vieles übertreibenden, aber doch sehr umsichtig und im Wesentlichen überzeugend geführten Untersuchungen von Konrat Ziegler ein.[3]) Im Reich des mann-weiblichen, aus dem

---

[1]) Proklos im Timaeum I p. 123, 2 ss. Diehl (Abel fr. 77). Statt *ποτινεύμενος* vermutet Herwerden Hermes V 1871 S. 141 *δινεύμενος* oder *δινευμένου*.

[2]) Proklos ad Hesiodi Op. et Dies 126 (Gaisford II p. 121, 18 ss.) *Ὁ μὲν Ὀρφεὺς τοῦ ἀργυροῦ γένους βασιλεύειν φησὶ τὸν Κρόνον, τοὺς κατὰ τὸν καθαρὸν λόγον ζῶντας ἀργυροῦς λέγων ὥσπερ τοὺς κατὰ νοῦν μόνον χρυσοῦς· ὁ δὲ Ἡσίοδος ἐθέλων τὴν μεταβολὴν ἐνδείξασθαι τῆς ἀνθρωπίνης ζωῆς, τὸ ἀργυροῦν γένος τῶν ἀνθρώπων ποιεῖ ῥάθυμον.* Abel fr. 244. Dazu Proklos in Rempubl. II p. 74, 26 ss. Kroll. Vgl. Holwerda Mnemosyne N. S. XXII 1894 p. 309. Vor Vári Wien. Stud. XII 1890 S. 224 f. ist ebenso zu warnen wie vor seinem Lehrer Abel.

[3]) Neue Jahrb. f. das klass. Altertum XXXI 1913 S. 529 ff. Ich glaube nicht, daß Wilamowitz, der Platon I S. 370 doch offenbar Zieglers Untersuchung meint, dieser gerecht geworden ist. Vollkommen Recht hat er aber mit der Ablehnung einer babylonischen Anthropogonie als Quelle der orphischen. Ziegler hat dadurch seiner Entdeckung selber sehr geschadet.

Weltei entstandenen Phanes leben zunächst kugelrunde Menschengestalten, wie sie Aristophanes in Platons Symposion in seinem berühmten Mythos schildert. Daß hier orphische Vorstellungen, die vielleicht durch empedokleische Gedanken erweitert sind, vorliegen, habe ich seit meiner Studentenzeit geglaubt; aber bewiesen hat das erst Ziegler. Wie diese Menschen zu Grunde gehen, wissen wir heute nicht mehr. Aber wir hören ja oft von dem *κύκλος*, den die Menschenseelen durchmachen müssen, bis sie gereinigt werden. Wiedergeburten gab es auch in der Lehre dieser Mysterien; darüber sind wir ja vielfach orientiert. Das hat nach Lobeck Aglaopham. II p. 795 ss. Rohde Psyche II[6] S. 129 ff. schön auseinandergesetzt und mit der moralischen Tendenz der orphischen Bewegung verbunden. Man muß jetzt dazu aber vor allem auch Joh. Geffckens Aufsatz über die Hirten auf dem Felde Herm. XLIX 1914 S. 321 ff. lesen. Die Menschen waren in den vier orphischen Weltaltern verschieden geartet. Das Neue war aber, daß sie von den Orphikern in die Theogonie hineingestellt waren, während Hesiod den Mythos von den Weltaltern, den er in den späteren *Ἔργα καὶ Ἡμέραι* ausführlich behandelt hat, von seiner Theogonie ganz fern hält. So mußte auch von der Entstehung der verschiedenen Menschengeschlechter von Orpheus verschieden erzählt werden.[1]) Die geringen Bruchstücke, die uns aus diesen Partieen über die Menschen erhalten sind, stehen bei Abel p. 254 ff.

Die moralische Tendenz, die dem theogonischen Gebilde der Orphiker innewohnt, spricht sich nun auch in den Personifikationen aus. Schon der Sänger von Askra hatte in seinem Gedichte viele Personifikationen aufgenommen und einige auch sicher neu erfunden. Die Orphiker folgten auch hier den Bahnen des Alten. 'Wie der Stifter der Sekte durch die Gewalt seiner Musik die äußere Natur regiert hatte, so wollten auch sie es ihm gleichtun und die Leidenschaften und Begierden der menschlichen Natur unter Regel und Maß zwingen.'[2]) Dazu bedienten sie sich personifizierter Begriffe wie *Δίκη* und *Νόμος*, über deren

[1]) Hiermit erledigen sich Gruppes Bedenken Die rhapsodische Theogonie S. 716 A. 1.

[2]) R. Hirzel a. a. O. S. 80.

Bedeutung in der orphischen Theogonie heute kein Zweifel mehr besteht. Dike ist die Tochter des Nomos und der Eusebeia,[1]) und mit der Adrasteia war der Nomos, ohne daß wir noch heute genau sehen können, wie, zusammengestellt.[2]) Die *Δίκη πολύποινος* (fr. 125) hat Parmenides den Orphikern entlehnt;[3]) sie folgt dem Zeus als *πᾶσιν ἀρωγός*, und der *Νόμος* ist sein *πάρεδρος* (fr. 126). *Ἀνάγκη* als orphische Gestalt ist aus der Theogonie des Hieronymos und Hellanikos wohlbekannt und allgemein anerkannt. Unklar ist, ob die Orphiker Athene *Ἀρετή* genannt haben; aber nach dem von Proklos in Timaeum I p. 170, 3 ss. Diehl (Lobeck Aglaopham. I 541; fr. 136 Abel) zitierten Bruchstück

ἀρετῆς τ' ὄνομ'[4]) *ἐσθλὸν*
κλήιζεται

sieht es so aus. Durchsichtige Personifikationen sind Eukleia, Eutheneia,[5]) Eupheme, Philophrosyne als Töchter des Hephaistos und der Aglaia (Proklos im Timaeum I p. 333, 2 ss. Diehl; Lobeck Aglaopham. I 542 s.; Abel fr. 140) und

Αἰδώς τε Πλοῦτός τ' Εὐθημοσύνης καλὸς υἱός.[6])

[1]) Hermias in Platon. Phaedr. p. 154, 14 s. Couvreur *παράγεται δὲ ἡ Δικαιοσύνη παρὰ τῶι θεολόγωι ὑπὸ Νόμου καὶ Εὐσεβείας.* Vgl. dazu p. 154, 17 ss. (Abel fr. 60) und namentlich p. 161, 16 ss. (Abel 109. 110).

[2]) S. Hermias a. a. o. p. 161, 16 ss. (vgl. hier oben Anm. 1). In dieser Hermiasstelle steht auch der zuletzt von Wilamowitz Hermes LIV 1919 S. 60 behandelte Vers:

Ἴδη τ' εὐειδὴς καὶ ὁμόσπορος Ἀδράστεια.

Die Handschriften haben sämtlich *Εἴδη*. Die Vermutung *Ἴδη* steht, soviel ich sehen kann, zuerst bei Abel in der adnotatio.

[3]) S. Dieterich Kleine Schriften S. 412 f.

[4]) *τε οὔνομ'* Hdschr.; verbessert von Lobeck.

[5]) So bei Diehl (*Εὐσθένεια* vulgo), spätere Form für *Εὐθηνία*, die auf dem bekannten Relief aus der Thyreatis mit den Inschriften *ΕΥΘΗΝΙΑ ΕΠΙΚΤΗΣΙΣ* und *ΤΕΛΕΤΗ* (abgebildet bei Roscher Myth. Lex. III 2 S. 2124 Fig. 12 = I. G. IV nr. 676) erscheint. Vgl. Waser bei Pauly-Wissowa R. E. VI S. 1498 und Bruno Keil Eirene (Ber. Saechs. Gesellsch. d. Wiss. 1916) S. 38 A. 1. Auch das Relief weist in die orphische Sphäre.

[6]) Von E. Rohde aus einer lateinischen Übersetzung des pseudoaristotelischen Büchleins *Νόμοι ἀνδρὸς καὶ γαμετῆς* erschlossen. Philologus N. F. VIII 1895 S. 374 f. = Kleine Schriften I S. XII A. 1. Auch der bei Proklos in Remp. I p. 18, 12 ss. Kroll überlieferte Vers: *Πλουτώνη τε καὶ Εὐφροσύνη Βένδις τε κραταιά* gehört hierher (Abel fr. 184).

Zu den bekanntesten Mythen der Orphiker gehört die von Zagreus' Tod. Das spielende Kind, das in einen Spiegel blickt, während die Titanen herankommen, um es grausam zu zerreißen, steht jedenfalls im Mittelpunkt eines Teils der *Ἱεροὶ λόγοι* und ist wahrscheinlich auch der Anlaß gewesen zu der berühmten Sage von dem grausamen Tode, den Orpheus durch die Mainaden erlitten hat. So steht ein Kind im Vordergrunde der orphischen *τελεταί*, und es verlohnt sich wohl zum Schlusse hier noch einige Bemerkungen darüber anzufügen.

Das spielende Götterkind ist überhaupt eine bedeutsame Erscheinung der griechischen Mysterienreligion. In ihr ist dem Kinde der Gottheit von Anfang an eine große Rolle zugeteilt. Die 'ursprüngliche Endzahl der primitiven Menschheit',[1]) die Dreiheit von Vater, Mutter und Kind war für sie bedeutungsvoll. Wahrscheinlich gehört der Ursprung der Mysterienreligion, wie sich mir immer deutlicher ergibt, noch in die vorgriechische Zeit. Die Götter tragen keine Namen.[2]) Die menschliche Familie ist das Bild, nach dem sie geschaffen sind. Die Zeugung spielt eine große Rolle. Ihr Wunder ist das größte Mysterium.

In dem eleusinischen Kulte stehen Mutter und Tochter im Mittelpunkt, wie vor allem auch das Kultbild beweist.[3]) Aber die Tochter wird niemals als Kind dargestellt, auch nicht auf der von A. Furtwängler herausgegebenen Gruppe, die Kore auf dem Schoße der Demeter sitzend zeigt wie die Heilige Maria auf

---

[1]) H. Diels Festschrift für Th. Gomperz 1902 S. 8 Anm. 3; Usener in der 'Dreiheit' Festschrift für Ad. Michaelis Bonn 1903 (Rhein. Mus. LVIII) S. 362.

[2]) Vgl. O. Kern Athen. Mitteil. XVI 1891 S. 11 f., Kaibel Nachr. d. Gött. Ges. d. Wiss. 1901 S. 512 (Pauly-Wissowa R. E. X S. 1424).

[3]) Athen. Mitteil. XVII 1892 S. 125 ff.; Max Ruhland Die eleusinischen Göttinnen Straßburg 1901 S. 99 ff.

dem Schoße der Heiligen Anna.[1]) Jedoch durchdringt die Liebe der Mutter zu ihrer erwachsenen Tochter den ganzen eleusinischen Gottesdienst. Das hohe Lied der Mutterliebe ist der Pol, um den sich in Eleusis alles zu drehen scheint. Die alte Erdmutter ist hier aber auch zur Mutter des Menschen geworden, was durch den Mythos von der Trauer der Demeter um ihre verlorene Tochter nirgends so eindringlich ausgedrückt worden ist wie in Eleusis. Wenn diese alte Sage auch ihren Ursprung in der Natursymbolik hat, in dem alljährlich wiederkehrenden Verschwinden der Vegetationsgöttin, so ist in Eleusis der Schwerpunkt auf die Mutterliebe gelegt worden, auf das innige Verhältnis der Mutter zu ihrem Kinde. Hierin vor allem lag die Werbekraft der eleusinischen Religion, aus der derselbe Geist zu uns spricht, der so vielen Darstellungen der attischen Grabsteine ihren unvergänglichen Zauber verliehen hat. Otto Crusius[2]) hat unsere Empfindungen vor dem Bilde der Demeter durch die tief empfundenen Verse ausgedrückt:

So war das Weib, dem sie ihr Heil befahlen:
'O Mutter, schirme, was da wächst und schafft'.
Von ihren Zügen geht es wie ein Strahlen,
ein stilles Leuchten aus von Güt' und Kraft.
Ein ernster Schleier rahmt das Antlitz ein,
kein Prachtgewand, nicht Gold und Edelstein.
Sie spricht: 'In Gnade neigt sich euch mein Haupt,
'in Trauer neigt es sich — mein Kind geraubt!
'Dem Schmerz, ich fühl's, kann nur die Liebe frommen.
'Laßt eure Kindlein, laßt sie zu mir kommen!'

Wenn man sich in die Gedanken der eleusinischen Mysterienreligion versenkt, darf man aber nicht daran vorübergehen, daß die Liebe der Demeter der erwachsenen Tochter gilt. Was die erwachsene Tochter der Mutter gegenüber auf dem Herzen hat, was ihr Leben und Sinnen bewegt, ist der tiefste Inhalt des Mysteriums. Sie ist die Gattin des Unterweltsgottes geworden.

[1]) Athen. Mitteil. XX 1895 S. 358f.

[2]) Die heilige Not. Gedichte von Otto Crusius München 1917 S. 148. Dazu vergleiche man die beiden schönen Lieder auf seine eigene Mutter S. 62.

Der Weg, den sie zur Ehe beschreiten mußte, war die uralte Sitte des Brautraubes, die auch heute noch in abgelegenen Gegenden der Peloponnes fortlebt. Das Geheimnis der Geburt haftet an der Gestalt der Kore. Sie ist die Gemahlin des Pluton und Mutter eines Kindes. In älterer Zeit hat dieses Kind jedenfalls Plutos geheißen, wie die bekannte Konstantinopler Vase beweist.[1]) Wenn es wahrscheinlich ist, daß der Name Pluton für den Unterweltsgott in Eleusis geschaffen worden ist, kann man sich kaum wundern, daß das Kind der Persephone Plutos heißt. Mit dieser göttlichen Geburtslegende ist dann wohl das eigentliche *μυστήριον* von Eleusis, die Wiedergeburt des Mysten aus dem Schoße der Göttin, verbunden worden. Die Darstellung der Geburt des göttlichen Kindes gehört zu den mimischen Vorführungen im Telesterion; die Wiedergeburt der Mysten war ein sakramentaler Akt. Man wird nicht entscheiden können, ob der Hierophantenruf *Ἱερὸν ἔτεκε πότνια κοῦρον Βριμὼ Βριμόν* der ersteren oder der letzteren galt. Sehr zweifelhaft aber bleibt auf alle Fälle die Beziehung auf Iakchos, dessen Geburtssage sich für Eleusis nicht nachweisen läßt. Es ist auch im höchsten Grade unwahrscheinlich, daß er, dessen Ankunft in Eleusis alljährlich glanzvoll gefeiert wurde, nach eleusinischer Vorstellung auch dort geboren sein sollte. Nicht dem Dionysoskinde, sondern dem fackeltragenden, tanzenden Jünglinge galt die fromme Huldigung der begeisterten Menge. Nur eine bisher wenig beachtete eleusinische Inschrift führt uns in die Kindheit des Dionysos, und so wenig ich sonst geneigt bin, orphische Einflüsse in Eleusis zuzugeben, vor allem an eine den Gottesdienst umgestaltende orphische Invasion nicht glauben kann, möchte ich hier die orphische Vorstellung von dem spielenden Dionysos wiederfinden. Eine solche vereinzelte Weihung berechtigt noch nicht zu dem Schlusse, daß die ganze Gestalt des eleusinischen Dionysos orphisch ist. Es handelt sich um ein Thymiaterion aus Bronze mit einer Basis, die nach A. N. Skias' Abschrift[2]) die auf drei Seiten verteilte Inschrift trägt:

---

[1]) S. Eleusinische Beiträge Akadem. Programm Halle 1909 S. 9f.; A. Koerte Archiv f. Religionswiss. XVIII 1915 S. 125.

[2]) *Ἐφημερὶς ἀρχαιολογική* 1895 σ. 102 ἀρ. 16.

ΜΑΡΑΘΩΝΙΟϹ	ΔΙΟΝΥϹΩ ΠΑΡΑΠΑΙΖΟΝΤ	////////ΝΙΟϹ

Skias liest:

— *νιος Μαραθώνιος Διονύσῳ Παραπαίζοντ[ι]*

und betont, daß die Lesung des Beinamens des Dionysos ihm nicht zweifelhaft sei. Über das Alter der Inschrift äußert er sich nicht; doch wird man sie zuversichtlich in das zweite nachchristliche Jahrhundert setzen können. Der einzige, der bisher über diese Weihung gehandelt hat, ist O. Höfer in Roschers Lexikon III 1 S. 1568 gewesen. Er hat auf Dichterstellen wie Sophokles Antigone V. 800 *ἄμαχος γὰρ ἐμπαίζει θεὸς Ἀφροδίτα*, Oidipus Tyr. V. 1108 f. *ὁ Βακχεῖος θεὸς ναίων ἐπ' ἄκρων ὀρέων σ' εὕρημα δέξατ' ἔκ του Νυμφᾶν ἑλικωπίδων, αἷς πλεῖστα συμπαίζει* u. a. verwiesen, traf damit aber wohl nicht das Richtige. *Παρά* hat hier sicher räumliche Bedeutung: der junge Zagreus spielt neben den Titanen oder neben anderen Göttern. An ein unbedachtes Spielen, was ja auch in *παρά* stecken könnte, darf man wohl nicht denken. So wage ich es an den spielenden Dionysos-Zagreus der orphischen Mysterien zu erinnern. Erwähnen möchte ich auch noch, daß die kleinen Albanesenkinder von Levsina den Fremden in den neunziger Jahren kleine antike Miniaturnäpfchen, also Kinderspielzeug, anzubieten pflegten, die sie aus den Ausgrabungen gestohlen hatten. Auch im eleusinischen Museum habe ich derlei gesehen.

Nach Eleusis weist uns auch noch eine Stelle in Dion's rhodischer Rede (XXXI 92, I p. 246 v. Arnim), in der von Götterbildern gesprochen wird, die keine Bezeichnung tragen. Dabei erwähnt er *καὶ παρ' Ἀθηναίοις Ἐλευσινίου*[1]) *μύστου παιδὸς εἰκὼν οὐκ ἔχουσα ἐπιγραφήν. κἀκεῖνον εἶναι λέγουσιν Ἡρακλέα.* Sollte auch da nicht der mystische *Παῖς* verborgen sein, der uns am deutlichsten im Kabirion in die Erscheinung tritt? Vielleicht hat mit irgendwelchen Mysterien auch die Herme aus pentelischem Marmor zu tun, die *Νεικομήδη[ς ν]εώτερος [Π]αιδὶ ἥρωι* in der Kaiserzeit auf Aigina geweiht hat. Dort im Museum steht eine kopflose Herme; ein Name ist dem Knaben, dem sie von

---

1) *Ἐλευσῖνι* Wilamowitz Coniectanea Ind. Gotting. 1884 p. 10.

Neikomedes geweiht ist, nicht beigeschrieben. Daß er *in altero lapide* gestanden hat, ist wohl ausgeschlossen. Natürlich handelt es sich auch nicht um einen *titulus sepulcralis*, sondern um eine Weihinschrift.[1])

Nicht minder bedeutend ist die Rolle des Kindes und seines Spielzeugs in den Kabirenmysterien. Schon in ihrer phrygischen Heimat am Berge Kabeiros, der nach Strabo *ἐν τῆι Βερεκυντίαι* lag, begegnen uns die *ῥόμβοι.*[2]) Der *παῖς Καβίρου* scheint deshalb schon aus Phrygien zu stammen und in der dem Laien unverständlichen Mysteriensprache in Samothrake den alten phrygischen Namen *Ἄδαμνα* (Pauly-Kroll R. E. X S. 1408) bewahrt zu haben. Der Mysterienkult erhält die alte Liturgie, die im Laufe der Jahrhunderte nur noch Klang ist *ignotosque deos ignoto carmine adorat.*[3]) Es steht heute vollkommen fest, daß ein älterer und ein jüngerer Kabir als ein göttliches Paar in Samothrake verehrt worden sind.[4]) Auch für Lemnos ist der Knabe Kabir in einem ehemals dem Pindar zugeschriebenen Gebete nachgewiesen, wie auch in Thessalonike und Olynth.[5]) Ganz besonders klar tritt nun aber das Bild des *παῖς* in dem Kabirenheiligtum bei Theben entgegen; es ist ein wahrhaftiger Dionysos *παίζων,* der schwerlich ohne orphische Einwirkung entstanden sein kann.[6]) Die große Masse der gefundenen Weihgeschenke gibt uns gerade von dem *παῖς* eine lebendige Vorstellung. Er ist nicht nur der *οἰνοχόος,* als welcher er auf der berühmten attischen Vasenscherbe erscheint; sondern auch sein Spielzeug erscheint unter den Anathemen und in den Inventarien. Als Karikatur des *Παῖς* ist der kleine Pratolaos aufzufassen, der auf der eben erwähnten Vase der Liebesszene von Mitos und Krateia, die Hände zusammenschlagend, zuschaut. Daß auch er aus orphischer Vorstellung stammt, ist längst nachgewiesen

[1]) I. G. IV 137 nach v. Prott's Abschrift.

[2]) Hesych s. *Βερεκύνδαι· δαίμονές τινες· καὶ ῥόμβοι.*

[3]) Ovid Metam. XIV V. 366.

[4]) Pauly-Kroll R. E. X S. 1426.

[5]) R. E. ebenda S. 1422.

[6]) R. E. ebenda S. 1440. Vgl. auch G. van Hoorn De vita atque cultu puerorum monumentis antiquis explanatio. Diss. Amstelodamensis 1909 p. 69.

worden.[1]) Noch in später Zeit ist dieser *Παῖς* verehrt worden, wie eine lange Zeit unbeachtete Stelle des Libanios beweist,[2]) die ich auf den *Παῖς Καβίρου* um so sicherer deute, als alle von ihm angeführten *ἀπόῤῥητα τῶν δαιμόνων* boiotisch sind oder doch boiotisch sein können; wenigstens ist es doch erlaubt nach der Erwähnung des *Παῖς* und der *Κάβιροι* an die Demeter *Καβιρία* zu denken.

In der orphischen Vorstellung liegt aber die Bedeutung darin, daß dem im Kindesalter sterbenden Zagreus-Dionysos Zeus die Weltherrschaft übergibt

καίπερ ἐόντι νέῳ καὶ νηπίῳ εἰλαπιναστῇ.[3])

So gewinnen wir damit vielleicht auch eine richtige Bestimmung für das Alter dieses Teils der *Ἱεροὶ λόγοι*. Denn Heraklit[4]) spielt wohl auf das Königreich dieses Götterkindes mit den vielgedeuteten Worten an: *αἰὼν παῖς ἐστι παίζων, πεττεύων· παιδὸς ἡ βασιληίη* und orphisch klingt auch ganz:[5]) *ὡυτὸς δὲ Ἀίδης καὶ Διόνυσος, ὅτεῳ μαίνονται καὶ ληναΐζουσιν.*[6])

In Eleusis wurde der Geburtsakt des Plutos mimisch vorgeführt.[7]) Die szenische Behandlung der heiligen Legende spielte in allen Mysterien eine große Rolle. So haben die Orphiker in ihren *δρώμενα* auch die Zerreißung des Dionysos dargestellt. Denn man darf wohl vermuten, daß der *Ἰάκχου σπαραγμός*, den

---

[1]) Hermes XXV 1890 S. 7 f.; R. E. X S. 1441.

[2]) Libanios XIV 67 (II p. 110, 13 s. Foe.) *διασῦραι τὰ ἀπόῤῥητα τῶν δαιμόνων, τὰ τῆς Ἰνοῦς, τὰ τοῦ Παιδός, τὰ Καβείρων, τὰ Δήμητρος.* Vgl. Pauly-Kroll R. E. X S. 1443.

[3]) So zitiert Proklos richtig in Platon. Tim. III p. 310, 30 ss. Diehl (Abel fr. 191); aber absichtlich falsch *καίπερ ὄντε νέῳ* in Parmenid. II p. 91 Cousin. Auf solche Umbiegungen muß man bei Proklos achten.

[4]) Diels fr. 52. Pauly-Kroll R. E. S. 1440. Ich halte nur das Bild *παιδὸς βασιληίη* für orphisch, nicht etwa auch den *αἰών*. *Αἰών* kommt in den Orphicis nur in der *Εὐχὴ πρὸς Μουσαῖον* V. 28 vor; über Aion in Eleusis vgl. O. Weinreich Archiv f. Religionsw. XIX 1917 S. 174 ff. und Dittenberger-v. Hiller Sylloge III³ nr. 1125.

[5]) Diels fr. 15.

[6]) Es fällt mir natürlich nicht ein, Heraklit zu einem Mystiker machen zu wollen; aber Anspielungen auf orphische Dichtungen dürfen wir gewiß bei ihm vermuten (s. Maaß Orpheus S. 269). Denn die Orphiker haben ja gerade auf die vorsokratischen Philosophen stark gewirkt.

[7]) Eleusinische Beiträge S. 9 f.; oben S. 53.

Lukian *Περὶ ὀρχήσ.* c. 39 aus der *πολυμάθεια τοῦ ὀρχηστοῦ* heraushebt, ein orphisches *δρώμενον* war, wie auch *αἱ τοῦ θεοῦ κάθοδοι δύο* in den *Βακχεῖα* einer von Styl. Saridakis in der Stadt Rhodos abgeschriebenen Inschrift in diesem Kreise zu suchen sind; denn F. Hiller von Gaertringen[1]) hat die *κάθοδοι* wohl richtig auf den Tod des Zagreus und die Heraufholung der Semele aus der Unterwelt bezogen. Bild und Lied sprechen auch in den orphischen Mysterien die gleiche Sprache.

---

[1]) Österreich. Jahreshefte VII 1904 S. 94; Nilsson bei Pauly-Kroll R.E. X S. 2522. Vgl. auch S. Reinach Rev. étud. gr. XVII 1904 p. 203 ss. nr. III, der dazu den orphischen Hymnos LIII:

Ἀμφιετῆ καλέω Βάκχον, χθόνιον Διόνυσον,
ἐγρόμενον κούραις ἅμα νύμφαις εὐπλοκάμοισι κτλ.

zitiert.

Orpheus- und verwandte iranische Bilder.

Von

Josef Strzygowski.

Die Orpheusdarstellungen der ausgehenden Antike fügen sich in einen Rahmen, in dem sie der Erscheinung nach neben den guten Hirten, er heiße nun Christus, David, Yima usf., zu stehen kommen. Immer ist eine jugendliche Gestalt mit einer Herde von Tieren, guten und bösen, zusammengebracht. Eine Ausnahme bilden buddhistische Anbetungen, in denen an Stelle des Mannes sein Sinnbild, ein Rad, ein Baum oder der Stupa, getreten ist, um das sich die Tiere scharen. Die christliche Kunst hat dafür das Kreuz gesetzt. Ich stelle hier eine solche Anbetung vom Stupa zu Santschi, also aus vorchristlicher Zeit, neben das bekannte Mosaik in der Apsis von S. Apollinare in Classe. Anzufügen wären ähnliche Anbetungen eines Sinnbildes durch Tiere, wie sie in der Hanzeit von Mittelasien aus in chinesischen Gräbern und später noch z. B. auf dem Tamamuschischrein auftreten,[1]) dazu die Tierdarstellungen in altkoreanischen Gräbern, wie eines Kokka Heft 276 veröffentlicht wurde. Der Zusammenhang mit Iran ist da schon durch die Übereckbildung der Decke unleugbar.

Taf. I Abb. 1 zeigt eine der vielen Anbetungen des Bodhibaumes durch Elefanten. Sie stammt von der Vorderseite des Westtores in Santschi.[2]) Man sieht große und kleine Tiere um den geschmückten Baum in der Mitte gruppiert, dann eine Trennung

---

[1]) Vgl. Chavannes Mission arch. dans la Chine septentrionale (passim) und Smidt Ostasiatische Zeitschrift II S. 402f., dazu Kokka Heft 182.

[2]) Nach einer Aufnahme von V. Golubeff.

durch kleinere Bäume (Dattelpalmen u. dgl.?), worauf sich die Reihe der Elefanten in freier Bewegung, z. T. sogar von der Mitte abgewandt, fortsetzt und der ganze Streifen rechts abgeschlossen wird durch eine Palme. Zwischen den Tieren werden Pflanzen und ganz links ein Lotosteich sichtbar.

Das Mosaik von Classe ist in jedem Handbuche abgebildet. An Stelle der Elefanten sind Schafe getreten, an Stelle des Baumes, der angebetet wird, das Kreuz. Die Andeutung des Bodens und der Landschaft hat einen größeren Spielraum bekommen. Unten, wo jetzt Apollinaris steht, einst die Paradiesesflüsse. In dem halben Jahrtausend, das zwischen der indischen und der ravennatischen Darstellung liegt, muß, sei es dem Orte, der Zeit oder Gesellschaft nach, ein entscheidender Wandel der Vorstellungswelt, mehr noch in rein künstlerischer als gegenständlicher Richtung eingetreten sein. Oder handelt es sich nur um eine leicht verständliche Einwirkung von Rohstoff und Werk: ist in Indien Stein, in Italien Mosaik die Erklärung der Eigenart jedes der beiden Kunstwerke?

Zwischen diesen beiden religiösen Schöpfungen, dem buddhistischen Stupa von Santschi und der christlichen Kirche von Ravenna, liegen zwei Religionskreise, von denen der eine, der hellenische, uns durch Erziehung und Neigung überaus nahesteht, der andere, der mazdaistische, von der Kunstforschung über alle Gebühr vernachlässigt wird. Die Orpheusdarstellungen geben erwünschten Anlaß, auf die Bedeutung dieses Kunstkreises etwas einzugehen. Man vergesse nicht, daß es sich um die künstlerische Gesinnung der Ostarier handelt, d. h. des zweiten Hauptteiles der arischen Welt des Südens, von der wir immer nur Hellas und Rom in Betracht ziehen. Hatte dieses Iran im Gebiete der bildenden Kunst Eigenart oder ist richtig, was jetzt ganz allgemein angenommen wird, daß, wie die Achaimeniden sich an Mesopotamien und die Sasaniden an den Hellenismus anschlossen, das gesamte Ostariertum als eine durchaus abhängige Gruppe gegenüber den bekannten Hauptströmen der bildenden Kunst ruhig vernachlässigt werden kann?

Ich hatte im Laufe meiner Lebensarbeit öfter mit Orpheusdarstellungen zu tun, anläßlich der Reste altchristlicher Kunst in Griechenland (1890 in der Römischen Quartalsschrift IV S. 97f.), des Bilderkreises des griechischen Physiologos (1899 in Byz. Archiv II S. 92 f.), dann in einer eigenen kleinen Schrift „Das neugefundene Orpheusmosaik in Jerusalem" (1902 in der Zeitschrift des deutschen Palästinavereins Bd. XXIV S. 139f.). Es sei auf die dort zusammengestellten und z. T. das erste Mal veröffentlichten Denkmäler nicht nochmals zurückgekommen. Ich möchte hier vielmehr ausgehen von einigen Bodenmosaiken, die mir erst in den zwischenliegenden Jahren bekannt geworden sind. Taf. II Abb. 4 gibt ein solches Mosaik im Museum zu Palermo (Alinari II 19874). Wir sehen neben einem Baume Orpheus auf einem Felsen in Vorderansicht dasitzen in der typischen, persischen Tracht, wie er, die Leier im linken Arme tragend, das Plektron nach links hin von sich streckt. Ihn umgeben die Tiere so, daß jedes wie ein Kinderspielzeug auf seinem Bodenstück steht: Felsplatten oder Hügel, bisweilen auch ersetzt durch einen Zweig. Die Tiere richten sich alle, mit Ausnahme der Vögel und der Schildkröte, gegen Orpheus hin, einzelne erheben das Haupt zu ihm. Es fällt auf, daß jede Raumanweisung fehlt, die Tiere vielmehr immer mit ihrer Breitseite rein flächenhaft so in den Rahmen gesetzt sind, daß sie den weißen Grund gleichmäßg verstreut füllen. Eine Überschneidung kommt nur an dem über den Baumstamm geführten Arm und bei den Gliedmaßen des Orpheus selbst und der Tiere vor.

Man könnte annehmen, wir hätten hier antike Kunst, die ins Primitive zurückgefallen sei,[1]) vor uns. Vergleichende Forschung führt jedoch darauf, daß ein anderer Kunstkreis im Spiele ist. Bevor ich auf diesen eingehe, sei noch auf zwei Orpheuspavimente verwiesen, die, dem vorgeführten sehr ähnlich, sich in Rom und Konstantinopel befinden. Letzteres stammt aus Kos und zeigt Orpheus mit der gleichen, das Plektron von sich streckenden Gebärde: die Leier ist auf einen Felsen gestützt. Einzelne Bäume mit Vögeln, dann Panther, Hyäne, Ochs, Löwe, Wildschwein, Hirsch usw. umgeben die Mittelfigur; die Tierarten können bei der elenden Ausführung kaum mit Sicherheit bestimmt

[1]) Vgl. dafür u. a. das Paviment der Insel Wight Transactions of the R. Institute of British architects 1880/1 S. 134.

werden. Das zweite Mosaik befindet sich in der neuen Benediktinerabtei S. Anselmo auf dem Aventin; es wurde 1898 beim Ausheben der Grundmauern gefunden und ist jetzt im Treppenhause vor der Bibliothek untergebracht. Man sieht wieder in der Mitte links den Baum mit Vögeln, rechts Orpheus mit der Leier neben sich, das Plektron vor der Brust haltend. Die Tiere erscheinen jedes mit einem Zweige vor sich: Nilpferd, Widder, Schlange, Panther, Pferd, Wildschwein, Elefant, Hund, Hase, Eidechse, Schildkröte, Löwe, Steinbock (oder Giraffe?), Kamel, liegende Ziegen, Bär, Schaf, Affe, Pfau, Reiher usw. Die drei Mosaiken gehören offenbar enger zusammen. Für alle ist bezeichnend nicht so sehr die Orpheusdarstellung an sich, als die Tatsache, daß die einzelnen Versatzstücke des „Bildes" tapetenartig über die Fläche verteilt und jedem Stücke sein Boden bezw. ein Zweig beigegeben ist.

Als ich 1891 das Etschmiadsin-Evangeliar herausgab, war mir im Zusammenhange mit dem bekannten syrischen Evangeliar von 586 in der Laurenziana, aus dem Johanneskloster Zagba in Mesopotamien stammend, aufgefallen, daß dort in den Kanonesarkaden mit Vorliebe Tiere, jedes mit einem beigegebenen Zweig ausgestattet, zum Schmucke verwendet wurden. Die in dem moabitischen Schlößchen Amra aufgefundenen Gemälde eines Tonnengewölbes führten weiter.[1]) Heute weiß ich, daß diese Art Schmuck iranischen Ursprunges und seine Anwendung ein greifbares Zeichen des wachsenden Einflusses der mazdaistischen Kunst auf die ausgehende Antike und die beginnende christliche Kunst ist.

Die Beschäftigung mit den zwischen Altertum und Mittelalter liegenden Werken der bildenden Kunst führt immer wieder auf die Vorliebe für die Tierfabel, als deren letzte Fassung dann das ganze Mittelalter hindurch der Physiologos weiterlebt.[2]) Man ist geneigt, ihn an indische Voraussetzungen anzuknüpfen, ohne der Sache auf den Grund gehen zu können.[3]) Von Armenien

[1]) Vgl. Amra und seine Malereien Ztschr. f. bild. Kunst N. F. XVIII (1907) S. 213 f. Dazu mein „Ursprung der christl. Kirchenkunst" Abb. 61/2.

[2]) Vgl. meinen „Bilderkreis des griechischen Physiologos" Byzantin. Archiv Heft 2.

[3]) Dazu a. a. O. S. 92 und die Bemerkung von Conrady ZDMG. LX (1906) S. 350 f.

aus kam ich dann freilich zur Erkenntnis, daß die gesamte ostarische Welt, nicht nur die Indiens, sich mit Vorliebe des Sinnbildes von Tier und Pflanze bedient, um zu schmücken und — solange sie Gott nicht, vom Süden gedrängt, leibhaftig d. h. als Mensch darstellt — gewisse Natureindrücke und mit ihnen zusammenhängende Züge von Weltanschauung auszudrücken. Die altiranische Vorstellung vom Hvarenah, der Macht und Herrlichkeit Gottes, wird durch Tiere und Pflanzen verkörpert. Mschatta für die Schauseite eines Palastes, der Vierpaß auf dem Burgberge von Amman für die Ausstattung des Innenraumes und zuletzt noch die sog. Maximianskathedra in Ravenna mit ihren auf vorderasiatische Zusammenhänge weisenden Elfenbeinreliefs geben dieser mazdaistischen Auffassung anschaulich Ausdruck, die Bilderstürme greifen immer wieder auf diese von der ältesten christlichen, am besten durch den bekannten Nilusbrief belegten, vom Osten übernommenen Kunstrichtung zurück.[1]) In meinem „Amida“ und „Altai-Iran“ war zu schildern, wie diese nordische Art später durch den Zustrom türkischer und mongolischer Züge neue Nahrung gewann. Hier mußte ich diese dunkle Welt des Nordens und Ostens deshalb mit einem Worte erwähnen, weil sie m. E. den Hintergrund für die Orpheusdarstellungen der Spätzeit, vor allem aber für ihre Verwandten bildet, die nun, ebenfalls aus der Übergangszeit von der Antike zum Mittelalter stammend, kurz zusammengestellt werden sollen.

Zwischen den Orpheusdarstellungen und deren in der künstlerischen Form iranischen Voraussetzungen, die ich anzudeuten suchte, stehen zunächst einige semitische Fassungen der Zusammenstellung einer einzelnen männlichen Hirtengestalt mit Tieren, im Anschluß an das biblische Gestalten einmal des Adam, ein zweites Mal des David. Taf. I Abb. 2 zeigt jene Elfenbeintafel der Sammlung Carrand im Museo nazionale zu Florenz, die zusammen mit einer Tafel, die Paulus auftreten läßt, ein wertvolles Diptychon etwa des 4. bis 6. Jahrhunderts bildet. Kein Zweifel, daß oben Adam daliegt; doch hat ihn kein Michelangelo

---

[1]) Vgl. meine „Baukunst der Armenier und Europa“ und „Ursprung der christlichen Kirchenkunst“ an vielen Stellen (Schlagwortreihe!).

gebildet. Wäre er nicht nackt und hielte er nicht statt der Leier einen Baum gefaßt, man würde an Orpheus denken. In Wirklichkeit soll wohl die Namengebung der Tiere dargestellt sein, wenn ich nach dem Friese der armenischen Kreuzkirche in Achthamar am Wansee von 915 bis 921 urteile, wo Adam „allen Tieren Namen gebend" inschriftlich in der Mitte von 32 Tierköpfen erscheint.[1] Ich vermute denn auch für die Elfenbeinschnitzerei als Entstehungsort irgendeine Werkstatt unterwegs zwischen Indien und dem Mittelmeere, und zwar wegen der offenbar hellenistischen Bildung von Tieren und Bäumen näher an Kleinasien, aber wegen der Bildung des Adam doch noch auf mesopotamischem oder syroägyptischem Boden.[2] Sowohl bei Adam wie bei den Tieren fehlt jede Andeutung der Unterlage, sie hängen alle zusammen in der Luft. Unten sind die vier Paradiesesflüsse angedeutet mit dem Hirsch und seinem Jungen. Rind, Elefant und Luchs bewegen sich nach abwärts, die andern Tiere lebhaft nach aufwärts. Zu jedem Tiere gehört ein Zweig oder Baum, einzelne stehen auf den Spitzen des Laubwerkes unter ihnen. Auffallend ist auch hier das Vermeiden jeder Überschneidung. Die Tatsache wirkt bei der prachtvoll freien Herausarbeitung der heftigen Natur einzelner Tiere um so befremdender, man gewinnt den Eindruck, als ständen sich hellenistische Naturbeobachtung und grundsätzliche Verleugnung aller Raumwahrnehmung unmittelbar gegenüber.

Die Gestalt des David in der Rolle des Orpheus ist jedem sofort gegenwärtig aus dem Titelblatt des Pariser Psalters 139.[3] David sitzt dort als guter Hirte die Laute schlagend mit seinem Hunde zwischen Ziegen und Schafen in einer Landschaft, die halb hellenistisch freiräumig, zum andern Teil aber aus Felsen aufgebaut ist, die jene prismatischen Schichten mit einspringenden Spalten aufweisen, die in Adschanta so sehr auffallen.[4] Mit der ältesten Landschaftsdarstellung der Griechen und ihrer Art,

[1]) Vgl. mein Armenienwerk S. 294.

[2]) Vgl. für diese Fragen und die Literatur zuletzt Dalton Byzantine art and archaeology S. 193f.

[3]) Omont Facsimilés des mss. grecs Taf. I.

[4]) Griffith The paintings in the buddhist cave-temples in Adjanta.

die Natur zu sehen, hat diese Kunst nichts zu tun. Adschanta andererseits mit seinen z. T. bis in die Zeit um Christi Geburt zurückzuführenden Malereien hat seine, jede Raumanweisung vermeidende Art aus dem gleichen Kunstkreise bezogen, aus dem sie auch nach dem Mittelmeerkreise vorgedrungen war, aus Iran. Mit diesem Kreise läßt sich nun auch unmittelbar vom Orpheusmotiv aus Fühlung gewinnen.

Man geht dabei gut aus von einem Brunnenaufsatz, den ich seinerzeit (1888/9) in den Lagerräumen des damaligen Kentrikon-Museums in Athen fand; ich glaube, es war noch ein zweites Stück da; doch kann ich darüber heute keine Gewißheit erlangen. Der Kegelstutz in Marmor war 0,32 m hoch und lotrecht in der Mitte durchbohrt. Nach vorn gingen acht kleine Stufen, nach rückwärts eine Rinne herab, die beiden Kegelflächen dazwischen waren in eine Art Berglandschaft mit allerhand stehenden oder gelagerten Tieren und Vögeln verwandelt: ein wildes Tier (Löwe oder Bär), Rabe, Hund, Affe, Ziegen, Pferd, Schaf, Eidechse u. a. waren feststellbar, von einer genauen Bestimmung aller Tiere konnte wieder angesichts der handwerksmäßigen Dutzendarbeit nicht die Rede sein. Die einzelnen Vertreter erschienen weidend, trinkend, liegend und stehend.

War nun dieser Brunnenaufsatz für sich allein in Verwendung oder diente er einer menschlichen Gestalt als Untersatz? Etwa Orpheus? Der in den Denkmälern der christlichen Kunst erfahrene Forscher gedenkt angesichts des kleinen Denkmales in Athen einer Gruppe von Elfenbeinschnitzereien, die in allen Museen zerstreut vorkommen und gewöhnlich unter dem Namen des guten Hirten gehen. Ich habe in meinem „Ursprung der christlichen Kirchenkunst“ zeigen können, daß es sich um die mazdaistische Gestalt des guten Hirten, Yima, handelt. Als Beispiel sei ein solches, freilich sehr spätes Bildwerk im Museo Kircheriano in Rom abgebildet (Taf. I Abb. 3), das durch Aufsetzen eines Bronzenimbus tatsächlich christianisiert scheint.[1]) Man sieht den konischen Untersatz mit dem vorn in der Mitte in einer Berglandschaft aufgerichteten Brunnen, um den trinkend

[1]) Wenn der Nimbus nicht auch iranischen Ursprungs ist.

oder weidend Schafe und Vögel gruppiert sind. Auf einer der reichsten Wiederholungen im Nationalmuseum zu Neapel erkennt man unter den Tieren den Bären und zweimal den einen Hasen anfallenden Löwen. Daneben Yima, der sich nach der Legende in einer Höhle verborgen hält, und dergleichen Züge mehr, auf die ich hier nicht eingehe. Der älteste und beste Beleg im Museum zu Braunschweig. Auf dem Hügel sitzt in allen erhaltenen Beispielen in der halbindischen Fassung der Kvanyin etwa der gute Hirt mit gekreuzten Beinen, den Kopf mit geschlossenen Augen in die aufgestützte Rechte gelegt. Kleidung, Feldflasche und Lamm kennzeichnen den Hirten. Die Elfenbeinarbeiten gehören den verschiedensten Jahrhunderten bis in die Neuzeit an. Sie sind offenbar den Weg des Elfenbeins in das Abendland gegangen.

Ich fasse zusammen. Das Orpheusmotiv ist nur eines von jener Gruppe von Darstellungen, die eine jugendliche Gestalt als guten Hirten im Kreise von Tieren zeigt. Spuren, die sich vorläufig nicht fester greifen lassen, führen immer wieder auf das iranische Gebiet des Mazdaismus, Yima bietet einen Beleg aus diesem Gebiete selbst. Leider ist von den Denkmälern der mazdaistischen Kunst fast nichts erhalten oder wenigstens vorläufig wenig nachgewiesen. Das wird vielleicht kommen, wenn wir erst einmal auf diese Dinge zu graben anfangen. Möglich, daß von den in Luftziegeln erbauten und mit Holz, Stuck, Fliesen und Mosaik verkleideten Denkmälern noch manches unter der Erde vorgefunden werden wird. Vorläufig muß vom Erben dieser Kunstweise, dem Islam, und einzelnen Spuren in der frühchristlichen Kunst, nicht zuletzt von den landschaftlichen und Rankenmosaiken Italiens aus auf die iranische Kunst ähnlich zurückgeschlossen werden, wie es hier von dem Orpheusmotiv aus geschehen ist. Die wichtigste Quelle wird dafür das Motiv des guten Hirten selbst sein, dem ich hier nur nach einer Seite nachgehen will. Eusebios, Vita Const. III, 49 nämlich berichtet, daß auf den Brunnen und öffentlichen Plätzen Konstantinopels vergoldete Bronzestatuen des guten Hirten zwischen seinen Lämmern (neben Daniel unter den Löwen) aufgestellt gewesen seien. Auch hier also wieder wie bei Yima der Bezug zum

Wasser. Es mag nahe liegen diese Verbindung im christlichen Sinne auszudeuten, etwa nach Psalm 41. Aber bemerkenswert bleibt doch, daß auch die Einführung des Brunnenmotivs immer wieder in Denkmälern hervortritt, die einen engeren Bezug zum mazdaistischen Kunstkreise erkennen lassen. Ich habe einen Teil solcher Belege in einem Aufsatze über den Pinienzapfen als Wasserspeier zusammengestellt. Man wird gut tun, diese Ausführungen in den Römischen Mitteilungen XVIII (1903) S. 185f. im vorliegenden Zusammenhange nachzulesen. Wie in den indischen, an der Spitze des vorliegenden Aufsatzes behandelten Anbetungsbildern und den altchristlichen mit dem Kreuz ist in zahllosen Miniaturen byzantinischen und armenischen Ursprunges der Pinienzapfen als Sinnbild verwendet, um das sich Tiere scharen, deren Auswahl öfter nahe verwandt ist mit dem Kreise, der im Zusammenhange mit den Orpheusdarstellungen und ihren Verwandten zu behandeln war. Der Pinienzapfen aber ist immer in unmittelbare Verbindung mit dem Wasser gebracht, wie wir ähnlich beim guten Hirten und Yima feststellen konnten. Ich habe in dem zitierten Aufsatze über den Pinienzapfen als Wasserspeier von „orientalischen" bezw. syrischen Voraussetzungen gesprochen. Ihnen werden nach den Erfahrungen des letzten Jahrzehnts die iranischen im besonderen anzuschließen sein, des öfteren sogar als die eigentlich maßgebende Quelle. In einer Untersuchung über den Brunnen des ewigen Lebens hat Karl v. Spieß[1]) gezeigt, daß als letztes Ende des roten Fadens, der sich durch alle diese Dinge zieht, jene mythische Überlieferung in Betracht kommt, die in unseren Märchenschätzen nachlebt. Der Nachdruck wird auf die volkstümliche Seite und darauf zu legen sein, daß sich dabei ein starker, altarischer Einschlag immer wieder aufdrängt.

Die vorstehenden Ausführungen sind ohne Kenntnis der Arbeit von Kern geschrieben. Mögen sie unserem Meister nicht unwillkommen sein.

[1]) Mitteilungen der Vorderasiatischen Gesellschaft 1916 S. 328f.

Register.

1. Santschi, Stupa, Westtor: Anbetung.

2. Florenz, Museo nazionale: Elfenbeintafel mit Adam.

3. Rom, Museo Kircheriano: Elfenbeinschnitzerei mit Yiama.

4. Palermo, Fußboden-Mosaik: Orpheus.

Zeitfracht Medien GmbH
Ferdinand-Jühlke-Straße 7
99095 Erfurt, Deutschland
produktsicherheit@kolibri360.de